抗震救灾精神研究

——纪念汶川特大地震十周年

胡子祥 何云庵 等 ◎ 著

西南交通大学出版社
·成都·

图书在版编目（CIP）数据

抗震救灾精神研究：纪念汶川特大地震十周年 / 胡子祥等著. —成都：西南交通大学出版社，2017.12
ISBN 978-7-5643-6005-4

Ⅰ. ①抗⋯ Ⅱ. ①胡⋯ Ⅲ. ①抗震–救灾–汶川县–2008②民族精神–研究–中国 Ⅳ. ①D632.5②C955.2

中国版本图书馆 CIP 数据核字（2017）第 329094 号

Kangzhen Jiuzai Jingshen Yanjiu
抗震救灾精神研究
Jinian Wenchuan Teda Dizhen Shi Zhounian
——纪念汶川特大地震十周年

胡子祥　何云庵　等　著

出 版 人	阳　晓
责 任 编 辑	罗爱林
封 面 设 计	原谋书装
	西南交通大学出版社
出 版 发 行	（四川省成都市二环路北一段 111 号
	西南交通大学创新大厦 21 楼）
发行部电话	028-87600564　028-87600533
邮 政 编 码	610031
网　　　址	http://www.xnjdcbs.com
印　　　刷	四川玖艺呈现印刷有限公司
成 品 尺 寸	170 mm × 240 mm
印　　　张	13
字　　　数	200 千
版　　　次	2017 年 12 月第 1 版
印　　　次	2017 年 12 月第 1 次
书　　　号	ISBN 978-7-5643-6005-4
定　　　价	60.00 元

图书如有印装质量问题　本社负责退换
版权所有　盗版必究　举报电话：028-87600562

序

　　值此汶川特大地震十周年之际，重温可歌可泣的抗震救灾历程和探讨伟大抗震救灾精神，意义重大而特别。一则是对因灾遇难或失踪的同胞和抗震救灾英雄们表示哀悼和缅怀；二则是为了激励幸存者好好生活、为灾区发展贡献力量。同时，在这一节点上，包括学界在内的社会各界都应该深入思考抗震救灾精神的精神实质、当代价值和世界意义等深层次问题，将抗震救灾精神研究推进到更高境界。

　　西南交通大学马克思主义学院的青年才俊们在何云庵教授的带领下，成立了抗震救灾精神研究团队，这是一个很有历史担当、充满现实使命感的创举。西南交通大学是一所与地震和抗震有着特殊渊源的大学，它是国内唯一先后经历过唐山大地震和汶川特大地震的国内重点大学。因此，西南交大人对地震和抗震救灾有着"五味杂陈"的特殊情感。近年来，团队多次赴汶川特大地震灾区进行调查研究和口述访谈，《抗震救灾精神口述史——汶川特大地震十周年纪念专辑》和《抗震救灾精神研究——纪念汶川特大地震十周年》既是团队潜心治学、深入研究抗震救灾精神的最新成果，也是对汶川特大地震十周年的最好纪念。这两本书都强调史论结合，只不过前者更加重史，后者更加重论，二者构成相互补充、相得益彰的姊妹篇。在书稿付梓之前，他们让我写个序，我欣然应允。这主要是基于两点考虑：一是对他们的行为表示赞赏和鼓励；二是借机阐述一下我的一点研究想法。

　　近年来，我也在思考如何深化抗震救灾精神研究的问题。限于篇幅，在此我只谈一下抗震救灾精神的定位问题。我认为，抗震救灾精神是中国共产党革命精神的重要组成部分。中国共产党革命精神是指党在领导人民群众进行革命、建设和改革实践过程中，在特定的历史时期和特殊的历史环境下形成的，集中体现中国共产党人政治觉悟、意志品质、思想道德和工作作风的一系列优良传统和革命风范。中国共产党的历史是中国共产党带领中国人民实现从站起来、富起来到强起来飞跃的历史，也是不断造就各种崇高革命精神的历史。把握这一定位，需要注意以下三点：

首先，从精神主体上要把握好中国共产党与广大人民群众的关系。中国共产党是中国工人阶级的先锋队，也是中国人民和中华民族的先锋队。中国共产党的诞生，使中国人民真正踏上了争取民族独立、人民解放的光明道路，开启了实现国家富强、人民富裕的壮丽征程。90多年来，中国共产党带领全国各族人民前赴后继、顽强拼搏，不断夺取革命、建设、改革的重大胜利。因此，中国共产党革命精神既体现在党的各级组织和每个党员身上，也体现在广大人民群众身上。同样的，抗震救灾精神体现了党性与人民性的统一。没有中国共产党的正确领导就没有抗震救灾精神，没有广大人民群众的万众一心也不会有抗震救灾精神。

其次，从时间范畴上把握好革命与建设、改革的关系。长期以来，提及中国共产党的革命精神，人们更多想到的是红船精神、井冈山精神、长征精神、延安精神等新民主主义革命时期形成的革命精神。其中一个重要原因是受革命精神中"革命"二字的局限，无法断定建设和改革时期形成的精神是否算是"革命精神"。实际上，无论从马克思主义革命理论还是从中国革命实践来看，都可以明确"革命"是对党所领导的新民主主义革命、社会主义革命与建设、改革开放等不同阶段的历史实践的总体概括，而不能将其仅仅局限于新民主主义革命。从此意义上讲，抗震救灾也是一种革命，抗震救灾精神主要属于改革开放时期形成的革命精神。

最后，从宏观上把握好革命精神整体与具体精神形态个体的关系。中国共产党革命精神与各个具体的革命精神形态（红船精神、井冈山精神、长征精神、延安精神、抗震救灾精神等）之间是整体与局部的关系。中国共产党革命精神是一个整体，它由若干具体的革命精神形态组成。每个革命精神形态又自成体系，有自身产生的历史条件、时空背景，有明确的内涵和鲜明的特征。这就要求我们既要充分尊重各个具体的革命精神形态之间的差异，发挥不同革命精神形态在不同时期面向不同群体的激励作用，又要加强整体研究，使多姿多彩的精神形态共同构成中国革命精神的壮丽画卷，丰富中国革命精神的科学内涵。

从目前我所掌握的材料看，国内学术界对于中国共产党革命精神各个具体革命精神形态特征的研究已有不少成果，但从整体上概括包括抗震救灾精神在内的各个具体革命精神的共同特征还有待加强。我认为，各种革命精神作为一个历时长久、不断完善的精神谱系，其区别于其他思想观点和宣传口号的共同特征主要有四个方面。

一是精神内涵具有高度概括性。中国共产党革命精神的任何一种精神形态若独立存在，首先要有明确的、区别于其他精神形态的内涵，而从教育宣传角度考虑，这一内涵还必须具有高度概括性。事实上，每一种精神形态都来源于长期的、复杂的革命实践，都具有丰富的、复杂的思想和精神要素，但这些要素不能全部成为其内涵，必须从中挑选最核心、最重要、最具代表性的要素加以提炼，用简洁的话语进行表述，才能构成其固定内涵。

二是精神主体具有明确标识性。我常讲，有人有事才有精神，见人见事才见精神。如果一种精神只停留在话语或词句表述层面，没有实践中的人或事做支撑，就不能形成具有感染力和影响力的精神形态。例如，"热爱党、热爱祖国、热爱社会主义的崇高理想和坚定信念，服务人民、助人为乐的奉献精神，干一行爱一行、专一行精一行的敬业精神，谦虚谨慎、努力学习的进取精神，艰苦奋斗、勤俭节约的创业精神"包含了爱国主义、奉献精神、敬业精神等多方面的丰富内涵，但这些表述都必须统一于"雷锋"这一人物及其事迹，才会形成雷锋精神。

三是精神形态具有持久稳定性。精神来源于实践，但必须高于实践。精神形态一旦形成，应当是持久稳定的，其基本内涵不能随意变动。也就是说，精神形态在形成自身概念、内涵时，既要立足于时空范围内的实践，又要超越时空的局限，具有一定的提升高度，能够涵盖核心理念和经受时间考验。如果其中的精神要素只是一时的口号，而这种口号只在特定时间和环境下适用，那就不能独立作为一种精神形态。

四是精神效果具有向上引领性。中国共产党革命精神是在长期革命实践中凝练升华而成的，保留的是最能体现精神主体正面形象和优秀品质的方面，因此革命精神必然具有正面向上的特征。从效果和目的来看，学习和研究中国共产党革命精神的根本目的是，激励和引导全国人民奋发图强，为发展中国特色社会主义和建设社会主义现代化强国贡献力量。这彰显的正是革命精神所具有的向上向善的正面引领性。

这四个特点也可以作为衡量一种精神形态能否纳入中国共产党革命精神范畴的重要标准。以上述四个特点为标准来审视抗震救灾精神，我们会得出肯定的结论：抗震救灾精神属于中国共产党革命精神。

最后，期待西南交通大学抗震救灾精神研究团队在这两本书的基础上，再接再厉，不断推出抗震救灾精神口述史系列著述，进一步深化对抗震救灾精神这一中国共产党革命精神的理论研究和实证研究。

以上我的一些想法算是抛砖引玉，供有志于抗震救灾精神研究的同仁们参考和批评！

王炳林

2017 年 12 月

目 录

1 绪 论 .... - 1 -
　1.1 问题提出的背景 .... - 1 -
　1.2 研究意义 .... - 3 -
　1.3 研究综述 .... - 5 -
　1.4 口述史方法的契合性与可深入性 .... - 15 -
　1.5 主要问题和研究内容 .... - 20 -
　1.6 研究视角、思路与方法 .... - 22 -

2 抗震救灾精神的形成、发展与主要内涵 .... - 25 -
　2.1 抗震救灾精神的形成与发展 .... - 25 -
　2.2 抗震救灾精神的基本内涵 .... - 41 -

3 抗震救灾精神的本质与定位 .... - 60 -
　3.1 抗震救灾精神的本质 .... - 60 -
　3.2 抗震救灾精神的历史定位 .... - 67 -

4 抗震救灾精神的根源 .... - 79 -
　4.1 道路自信视域中的抗震救灾精神溯源 .... - 79 -
　4.2 理论自信视域中的抗震救灾精神溯源 .... - 87 -
　4.3 制度自信视域中的抗震救灾精神溯源 .... - 97 -
　4.4 文化自信视域中的抗震救灾精神溯源 .... - 111 -

5 抗震救灾精神的时代价值 ……………………………… - 121 -
5.1 抗震救灾精神与党的建设 ……………………………… - 121 -
5.2 抗震救灾精神与治国理政 ……………………………… - 130 -
5.3 抗震救灾精神与社会主义核心价值体系 ……………… - 140 -
5.4 抗震救灾精神与大学生思想政治教育工作 …………… - 155 -
5.5 抗震救灾精神与可持续发展 …………………………… - 163 -
5.6 抗震救灾精神与构建人类命运共同体 ………………… - 176 -

6 结 语 ……………………………………………………… - 184 -
6.1 若干历史经验 …………………………………………… - 185 -
6.2 几点启示 ………………………………………………… - 187 -

参考文献 ……………………………………………………… - 189 -
后 记 ………………………………………………………… - 199 -

1　绪　论

先分析问题提出的背景和研究意义；再进行文献综述，指出现有研究的不足以及亟待深入研究的问题；最后介绍研究的主要内容、视角、思路与方法。

1.1　问题提出的背景

抗震救灾精神是中华民族精神的重要体现。2016年7月28日习近平在唐山考察时指出："我们今天要继续弘扬抗震精神，为实现全面建成小康社会奋斗目标、实现中华民族伟大复兴的中国梦注入强大精神动力。"[①] 汶川特大地震抗震救灾是当代中国史的重大事件。值此汶川特大地震10周年之际，进行抗震救灾精神再研究，对于弘扬当代中国的民族精神和时代精神，具有重大的社会意义和政治意义。

众所周知，抗震救灾是一个世界性的难题，它超越时代、民族和阶级局限而成为一个世界性话题。四川是地震高发区，四川的抗震救灾经验对于中国和世界各国的抗震救灾，都有积极的借鉴意义。研究抗震救灾精神对于提升我国政府和国民的应急处理能力、有效预防地震和减少地震破坏以及妥善处理灾后事宜，做好灾后重建工作和灾区可持续发展等具有现实针对性，尤其对于如今如何做好灾区的精准扶贫工作，到中国共产党建党一百周年之际将灾区全面建成小康社会，具有极为重要的应用借鉴价值和指导意义。

---

① 习近平. 弘扬抗震精神　为中国梦注入强大精神力量[N]. 人民日报，2016-07-30（1）.

一种精神，一旦变成亿万人民的实践行动，就会成为无可阻挡的现实力量。"万众一心、众志成城，不畏艰险、百折不挠、以人为本、尊重科学"的抗震救灾精神，凝聚国人，催人奋进。这种精神力量不仅是抗震救灾和灾区重建的宝贵财富，更是应对风险挑战、净化和升华社会风气，面向未来可持续发展的重要宝贵经验。①

抗震救灾精神，体现了以人为本、科学发展的理念。从总体来看，抗震救灾精神反映了一种在我们社会主义国家"纵使自然无情，但也人间有义"的精神风貌，有效彰显了中国特色社会主义的道路自信、理论自信、制度自信和文化自信。抗震救灾精神不仅反映了社会主义精神文明的重大成果，也反映了社会主义物质文明、制度文明和生态文明等重要成就。

伟大的抗震救灾精神不仅是我们夺取抗震救灾斗争胜利的精神武器，也是我们开辟新征程、开创新未来的精神支撑。弘扬伟大的抗震救灾精神将会使人们进一步认识到中国特色社会主义道路和制度的优越性，中国共产党领导的优越性，改革开放的优越性，也会使人们看到人民子弟兵的可爱可敬，全国各族人民大团结的中国力量，这些将是中国特色社会主义事业走向更大胜利的思想之基，也是增强中国特色社会主义"四个自信"的力量之源。

从学术的角度而言，口述资料的发掘、整理、研究与保存，弥补了以往抗震救灾精神研究注重和依赖文献所带来的不足。它不仅丰富了研究手段与研究内容，也积累了大量对当代四川历史与社会变迁的研究的宝贵资料，还提供了一种新的研究视角，不失为一种有推广价值、学术研究价值的尝试与探索。

---

① 潘强，董建国. 让抗震救灾的"精神旗帜"高高飘扬[EB/OL]. http://www.xinhuanet.com/local/2015-04/19/c_1115015791.htm.

1.2 研究意义

抗震救灾精神是指中国人民在中国共产党的坚强领导下，在进行汶川特大地震等一系列抗震救灾、灾后重建和可持续发展的伟大斗争中所表现出来的意志品质、精神风貌和工作作风。对抗震救灾精神的研究，有利于更好地构筑中国精神、中国价值和中国力量，增强"四个自信"。

其一，有利于丰富化、具体化和深化中国精神的研究。无论是"公而忘私、患难与共、百折不挠、勇往直前"的唐山抗震精神，是"万众一心、众志成城、不畏艰险、百折不挠、以人为本、尊重科学"的汶川抗震救灾精神，还是"同心同德、自信自强、科学高效、人民至上"的芦山抗震救灾精神，无不彰显了中华儿女在抗震救灾中同呼吸、共命运、心连心、患难与共的团结精神内核。可以说，抗震救灾精神是中国共产党带领和团结中国人民在共同抗击自然灾害的殊死搏斗中所形成的交汇点，时代精神和民族精神的交汇点，社会主义和爱国主义、集体主义的交汇点，革命英雄主义和社会主义人道主义的交汇点。[①] 对此，每一个普通民众都有深切的感受。因此，从群众路线出发，深化对于抗震救灾精神的研究，将会进一步深化对于当代中国精神的研究。

其二，有利于丰富化、具体化和深化中国价值的研究。抗震救灾精神与社会主义核心价值体系是一脉相通的。抗震救灾精神从不同角度诠释和深化了社会主义核心价值体系所包含的坚持马克思主义理论、树立共产主义远大理想和中国特色社会主义的共同理想、培育和践行社会主义核心价值观、增强意识形态领域主导权和话语权、中华优秀传统文化创造性转化与创新性发展、继承革命文化，发展社会主

---

① 胡锦涛. 在全国抗震救灾总结表彰会上的讲话[N]. 人民日报, 2008-10-09（2）.

义先进文化等内容。抗震救灾精神的铸就，对社会主义核心价值体系建设是强有力的推进。抗震救灾斗争让们进一步坚定了对中国共产党的认同和信任，进一步夯实了走中国特色社会主义道路的共同思想基础，进一步弘扬了以爱国主义为核心的民族精神，进一步体现了社会主义核心价值观。此外，在抗震救灾中，涌现出一批又一批的英雄人物，他们视人民利益高于一切，为人民利益而奉献一切；在抗震救灾中，产生了一个又一个的感人故事，充分体现了社会主义核心价值体系孕育出的崇高境界和美丽心灵。因此，进一步揭示抗震救灾精神的本质、根源和价值，对推动社会主义核心价值体系建设，更好构筑中国精神、中国价值、中国力量，为人民提供精神指引，必有重大而深远的影响。

其三，有利于丰富化、具体化和深化中国力量的研究。抗震救灾斗争的重大胜利，归根到底是人民的胜利。实现中华民族伟大复兴的中国梦必须凝聚中国力量。这就是中国各族人民大团结的力量。人民是历史的创造者，是决定党和国家前途命运的根本力量。中国共产党必须坚持人民主体地位，坚持立党为公、执政为民，践行全心全意为人民服务的根本宗旨，把党的群众路线贯彻到治国理政全部活动之中，把人民对美好生活的向往作为奋斗目标，依靠人民创造历史伟业。正如习近平同志指出："站立在960万平方公里的广袤土地上，吸吮着中华民族漫长奋斗积累的文化养分，拥有13亿中国人民聚合的磅礴之力，我们走自己的路，具有无比广阔的舞台，具有无比深厚的历史底蕴，具有无比强大的前进定力。"①

其四，有利于丰富化、具体化和深化"四个自信"的研究。抗震救灾斗争充分显示了我国社会主义制度能够集中力量办大事的政治优势。研究并弘扬伟大抗震救灾精神，有助于人们从抗震救灾实践中领

---

① 习近平. 在纪念毛泽东同志诞辰120周年座谈会上的讲话[N]. 人民日报，2013-12-27（1）.

会党的根本宗旨和执政理念，理解党的基本理论、基本路线、基本方略；有助于人们看到社会主义制度的巨大优越性，看到中国制度模式的强大发展活力；有助于增强人们对社会主义核心价值观的认同和对中国特色社会主义的道路自信、理论自信、制度自信和文化自信，形成全社会团结和睦的精神纽带。

抗震救灾伟大胜利无可辩驳地告诉人们：只有实现中国精神、中国价值和中国力量的三位一体，只有实现精神层面、价值层面和社会层面的高度一致性，才能真正实现文化自信和文化自觉，进而凝魂聚力为全面建成小康社会和实现中华民族伟大复兴提供不懈的精神动力和道德滋养。

1.3 研究综述

1.3.1 关于抗震救灾精神内涵的研究

1. 把抗震救灾精神归结为某一种精神

第一，民族精神说。

周连顺、金仁（2008）[1]认为，抗震救灾彰显伟大的中华民族精神。抗震救灾激发民族精神活力。灾难能够激发民族求生存、求发展的本能。灾难往往会激发民族精神、凝聚民族力量，成为民族发展、民族振兴的重要转机。抗震救灾彰显民族精神的内涵。抗震救灾所彰显的民族精神主要集中在爱国主义精神的高扬、自强不息精神的展现、人文精神的张扬。抗震救灾展示民族精神的价值所在：民族精神是一种凝聚力、战斗力和创造力。孙劲松（2008）[2]认为，民族精神在灾难中升华。抗震救灾，是对我们民族精神的升华，是对我们民族团结的检验，是对我们民族力量的凝聚。具体来说，一是以人为本，生命

---

[1] 周连顺，金仁. 抗震救灾彰显伟大的中华民族精神[N]. 光明日报，2008-06-03（9）.

[2] 孙劲松. 民族精神在灾难中升华[N]. 中国教育报，2008-06-02（3）.

至上；二是人饥己饥，人溺己溺；三是万众一心，同舟共济；四是公而忘私，百折不挠；五是自信开放，迎难而上。

第二，尊重生命说。

沈铭贤（2008）①认为，抗震救灾精神是高扬生命价值的精神。以人为本，珍爱生命，把抢救人民群众生命作为头等大事，是抗震救灾的一个鲜明特色，也是凝聚举国之力的一个最大亮点。灾情就是命令，时间就是生命。中国人民向来尊重生命，爱护生命，以生命价值为最大、最高价值。抗震救灾体现了一方有难、八方支援、万众一心、同舟共济的伟大民族精神。

第三，自强不息说。

陈鲁民（2008）②指出，自强不息是战胜一切灾难的强大精神支柱。一部中华民族的历史，就是一部与自然灾害抗争的历史。自强不息精神是夺取抗震救灾胜利的重要保证。我们固然无法控制自然灾难，但我们能够控制我们的心态，坚强面对、从容应对灾难。只要我们拥有自强不息的精神、百折不挠的毅力、遇挫弥坚的勇气、克服千难万险的能力和不断成长的智慧，就必定能够战胜灾难。

第四，互助精神说。

吴潜涛（2008）③指出，抗震救灾精神是社会主义互助精神的生动体现。抗震救灾过程中党领导全国各族人民共同谱写了一曲"一方有难、八方支援"的社会主义互助精神的时代壮歌。"一方有难、八方支援"的社会主义互助精神，集中体现为人与人之间的相互帮扶和支援，表现为对人的生命、尊严、价值的尊重、维护和关切。它体现了社会主义的人道主义精神，也是人类社会的一种美德。"一方有难、八方支援"的社会主义互助精神，是对中华民族传统美德的继承和弘扬。

---

① 沈铭贤. 高扬生命价值的悲情壮举[N]. 文汇报，2008-05-19（5）.
② 陈鲁民. 用自强不息精神抗震救灾[N]. 解放军报，2008-05-23（2）.
③ 吴潜涛. 社会主义互助精神的生动体现[N]. 人民日报，2008-05-21（12）.

第五，英雄主义说。

余玉花（2008）[①]指出，抗震救灾精神是一种英雄主义精神。中华民族是一个充满英雄主义气概的伟大民族。英雄主义是人类超越性的卓越品格和难能可贵的精神，这是人类能够战胜各种艰难险境的主体条件。英雄主义的超越性，指的是人们为了某种神圣使命，而采取超越常规行为的精神力量，包括对环境条件的超越、人的生理条件的超越和人的心理条件的超越，表现的就是人的英勇无畏、不惧艰难、不怕牺牲、勇于承担难以承受的痛苦和压力的精神力量。在抗震救灾斗争中，正是英雄主义的超越性壮举，让我们一次次战胜了难以想象的艰难险阻，一次次地创造着生命奇迹，一次次地震撼着亿万人的心扉。英雄主义的壮举，闪烁的是人性的光芒，也是人性的力量。正是对生命的热爱和珍重，才使在抗震救灾第一线的勇士无畏无私奉献自己的一切，所有英雄的中国人敢于超越生死、挑战极限，不怕任何艰难险阻，产生出无穷的力量和勇气。

第六，公民精神说。

金岭（2008）[②]认为，抗震救灾精神体现了一种公民意识和公民精神。公民意识，简单地说就是公民个人对自己在国家中的地位的自我认识。其中，公民对国家和社会的责任意识是公民意识里至关重要的一个方面。公民责任意识的成长，已经成为一种巨大的精神力量，已经和正在改变着很多人的价值观和是非观。在应对大地震的过程中，我们看到了这种公民意识的蓬勃生机。汶川大地震发生后，人们为灾区捐款捐物根本就不用动员，也不依赖宣传的力量，完全是发自内心的自觉行动。在地震中，亿万国人的集体道德感和现代公民意识被勃然唤醒。公民之间互相协作、互相扶助的精神，深嵌在人们的心底。

[①] 余玉花. 抗震救灾精神——一笔弥足珍贵的精神财富——英雄主义闪耀光芒[J]. 精神文明导刊，2008（7）.

[②] 金岭. 抗震救灾精神——一笔弥足珍贵的精神财富——灾难见证公民责任意识的成长[J]. 精神文明导刊，2008（7）.

第七，志愿精神说。

鹿永建、张晓晶（2008）[①]指出，抗震救灾精神也是一种志愿精神，志愿精神汇聚抗震救灾强大力量。汶川大地震发生后，约有20万人次志愿者到灾区帮助抗震救灾，这只是数以亿计的志愿者的一部分。大批志愿者不仅增加了现实的救援力量，更增添了灾区人民战胜灾害、重建家园的信心和勇气。在灾难面前，各种爱心志愿行为，有力地体现了全国同胞同呼吸、共命运、心连心。在大灾面前，来自民间、集中爆发的志愿精神，诠释了民族精神新的时代内涵。奉献、友爱、互助、无私无畏的志愿精神，是震后重建家园、建设和谐社会的精神源泉。

第八，科学精神说。

刘云山（2008）[②]指出，抗震救灾全过程始终按客观规律办事，科学决策、科学调度、科学救援，既充分发挥人的能动精神，又充分发挥科技的重要作用，抗震救灾的重大胜利充分显示了理性精神和科技手段的强大力量。杜远足（2008）[③]指出，抗震救灾精神是科学精神的生动体现，因为面对巨大灾难，采取任何行动都要以科学为依据。

2. 把抗震救灾精神归结为"一源多流"的多种精神的综合体

抗震救灾精神是一种内涵丰富、可以从不同角度进行不同解读的整体性的精神。2008年6月30日，胡锦涛同志在抗震救灾先进基层党组织和优秀共产党员代表座谈会上将抗震救灾所体现的精神概括为"万众一心，众志成城，不畏艰险，百折不挠，以人为本，尊重科学的伟大抗震救灾精神"。这是对汶川地震抗震救灾实践中所体现的中华民

[①] 鹿永建，张晓晶. 抗震救灾精神——一笔弥足珍贵的精神财富——志愿精神汇聚抗震救灾强大力量[J]. 精神文明导刊，2008（7）.
[②] 刘云山. 大力弘扬抗震救灾精神 扎实推进公民道德建设[J]. 思想政治工作研究，2008（11）.
[③] 杜远足. 抗震救灾精神——一笔弥足珍贵的精神财富——科学精神的生动体现[N]. 精神文明导刊，2008（7）.

族伟大抗震救灾精神的最新概括、科学阐述和准确定位。抗震救灾精神是中华民族民族精神在当代中国的集中体现和新的发展，比较抗震救灾精神和十年前的"九八抗洪精神"（当时的概括是"万众一心，众志成城，不怕困难，顽强拼搏，坚韧不拔，敢于胜利"），我们就会发现，同样是 24 个字，但内容有了新的拓展，内涵更加丰富。其中，"万众一心，众志成城"是共有的，中间的 8 个字和"九八抗洪精神"的后 16 个字意思大体一致，而"以人为本，尊重科学"则是新的发展、新的亮点，使之赋予了新的时代内容，是抗震救灾精神的核心内容（王素，刘积高，张忠仁，2008）[①]。

刘云山（2008）[②]指出，伟大的抗震救灾精神是爱国主义、集体主义、社会主义精神的集中体现和新的发展，是我们党和军队光荣传统、优良作风的集中体现和新的发展，是中华民族的伟大民族精神和当代中国人民的时代精神的集中体现和新的发展，是党和人民极为宝贵的精神财富。特别是，抗震救灾精神为伟大民族精神注入新的活力，为中华民族精神家园增添了新的瑰宝。伟大的抗震救灾精神，有着十分丰富的内涵。这一伟大精神体现了中华民族团结奋进的强大力量，体现了中华民族泰山压顶不弯腰的英勇气概，彰显了中华民族压倒一切困难而不被任何困难所压倒的大无畏精神，体现了中华民族关爱生命、以人为本的价值追求，体现了中华民族实事求是、崇尚理性的科学态度。总之，伟大的抗震救灾精神以其鲜明的思想内涵和时代特征，充分展现了中华民族和衷共济、团结奋斗，自强不息、敢于胜利，关爱生命、崇尚理性的民族品格，展现了改革开放条件下我国人民的良好精神风貌，铸就了中华民族精神发展史上新的丰碑（刘云山，2008）。

---

① 王素，刘积高，张忠仁. 抗震救灾斗争铸就伟大抗震救灾精神[EB/OL]. http://theory.people.com.cn/GB/49150/49152/7394149.html.
② 刘云山. 大力弘扬抗震救灾精神 扎实推进公民道德建设[J]. 思想政治工作研究，2008（11）.

《瞭望新闻周刊》评论员（2008）①指出，抗震精神体现了民族精神，是人本精神、法治精神、科学精神、英雄主义、互信互尊、互助精神、公民精神的统一，核心是以人为本的精神。中国自古即是灾难多发的国度，在与各种自然灾害的顽强抗争中，中华民族培育出坚忍不拔、沉着坚毅、不畏艰险、临危不惧的精神品格。抗震精神，就是面对人民生命危险，人溺己溺、推己及人、鞠躬尽瘁、视民如伤的人本情怀；抗震精神，就是运用现代手段，依法抗灾、统筹协调、临危不乱的法治精神和科学精神；抗震精神，就是不怕牺牲、不怕疲劳、连续作战，冲破一切艰难险阻去争取胜利的英雄主义精神；抗震精神，就是开诚布公，国民之间互相信任、互相理解、互相尊重的精神；抗震精神，就是守望相助、共克时艰的互助精神，就是勇于承担、无私奉献的公民精神。这一切，归根结底就是以人为本的精神。把救人作为救灾工作的重中之重。一切围绕人，为了人，为了人的生命。一切力量在以人为本的信念下集结，一切分歧在以人为本的信念下消除。

《抗震救灾精神：以人为本生命至上——万众一心众志成城——不畏艰险百折不挠——科学理性开放透明》（《人民日报，节选》）一文的作者认为，在抗震救灾中，中华民族万众一心、不屈不挠、友爱互助、自强不息，表现出伟大的抗震救灾精神。这种精神是民族精神的一次大洗礼、集体主义精神的大检阅、爱国主义精神的大弘扬。②

1.3.2 抗震救灾精神发挥作用的原因

刘云山（2008）③指出，抗震救灾精神是党领导人民在艰苦卓绝的抗震救灾斗争中形成的，有着深厚的时代背景和实践基础。中国共产

---

① 本刊评论员. 弘扬新起点的抗震精神[J]. 瞭望新闻周刊，2008（20）.
② 王素，刘积高，张忠仁. 抗震救灾斗争铸就伟大抗震救灾精神[EB/OL]. http://theory.people.com.cn/GB/49150/49152/7394149.html.
③ 刘云山. 大力弘扬抗震救灾精神 扎实推进公民道德建设[J]. 思想政治工作研究，2008（11）.

党领导全国人民展开的抗震救灾斗争是抗震救灾精神形成的实践基础。中国特色社会主义是抗震救灾精神形成的制度保障。改革开放取得的辉煌成就是抗震救灾精神形成的丰厚土壤。日积月累的思想道德建设是抗震救灾精神形成的重要条件。李卫红（2008）①指出，抗震救灾伟大实践充分表明，中国共产党是中国人民的主心骨，是战胜一切艰难险阻的坚强领导核心；中国特色社会主义具有强大的生命力，是战胜一切艰难险阻的制度保证；改革开放是强国之路，是战胜一切艰难险阻的重要条件；民族精神是中华民族的宝贵财富，是战胜一切艰难险阻的强大动力；以"80后"为主体的年轻一代在抗震救灾中的表现令人欣慰，是战胜艰难险阻的青春力量。青年是民族振兴的新希望，历史进步的新动力。郑权（2008）②指出，党的坚强科学领导是抗震救灾取得成功的关键。在抗震救灾中，我们党以人为本执政理念的张扬，党中央和各级党组织理性、沉着的指挥以及党员领导干部的先锋模范带头作用，再一次证明中国共产党始终是中国特色社会主义的领导核心，表明我们党的执政能力日益增强。抗震救灾体现了中国共产党执政为民的崇高理念，体现了中国共产党的科学执政方式。

1.3.3 抗震救灾精神在各行业的弘扬应用

1. 抗震救灾精神要在全社会创造性转化和创新应用

2008年，李长春同志强调指出，要把伟大的抗震救灾精神转化为自力更生、艰苦奋斗、重建家园的坚定意志，转化为办好奥运、建设祖国的实际行动，转化为推动科学发展、促进社会和谐的强大力量。要把弘扬伟大抗震救灾精神作为建设社会主义核心价值体系的重要内容，更加

---

① 李卫红. 用抗震救灾伟大精神推进高校思想政治教育[J]. 高校理论战线，2008（8）.
② 郑权. 从抗震救灾看中国共产党的执政能力[N]. 光明日报，2008-06-24（9）.

自觉地高举中国特色社会主义伟大旗帜不动摇，坚持中国特色社会主义道路不动摇，坚持中国特色社会主义理论体系不动摇，进一步坚定对党的信任、对改革开放的信心、对中国特色社会主义的信仰。

2. 抗震救灾精神与灾后对口援建

援建精神是对抗震救灾精神的继承和发展。援建不仅是对地震造成的破坏性局面进行援助的物质性行为，而且也是对受灾地区民众的心灵进行抚触和重建的精神性行为。潘强、董建国（2015）①指出，抗震救灾是援建制度优势的集中体现。中国特色的对口援建，搭起了东部与西部的互补桥梁，促进了发达城市与落后灾区的交流，让灾区成为中国体制机制创新、科技创新、观念更新的实验场，政府与社会各方齐心协力，攻坚克难。凝聚着科学、创新、奉献的"援建精神"，再一次彰显了社会主义核心价值观的强大凝聚力。

3. 用抗震救灾精神推进学校思想政治教育工作

刘云山（2008）②指出，要把抗震救灾精神作为学校思想道德建设的新内容，体现到学校思想品德课及相关教育教学之中，引导广大青少年自觉做伟大抗震救灾精神的弘扬者、实践者。李卫红（2008）③指出，抗震救灾伟大实践是推进高校思想政治教育的生动教材和宝贵资源。用伟大的抗震救灾精神深入推进高校思想政治教育，就是要在青年学生中大力加强坚持中国共产党领导的教育，加强理想信念教育，加强坚持改革开放的教育，加强民族精神教育，就要广泛宣传抗

---

① 潘强，董建国. 让抗震救灾的"精神旗帜"高高飘扬[EB/OL]. http://politics.people.com.cn/n/2015/0419/c70731-26868001.html.
② 刘云山. 大力弘扬抗震救灾精神 扎实推进公民道德建设[J]. 思想政治工作研究，2008（11）.
③ 李卫红. 用抗震救灾伟大精神推进高校思想政治教育[J]. 高校理论战线，2008（8）.

震救灾斗争中涌现出来的英雄人物和模范事迹。郑言惠（2008）[①]指出，爱国主义是取得抗震救灾胜利的伟大旗帜，思想政治工作应积极引导人们把爱国主义热情转化为灾后重建的强大精神力量，推动经济社会的科学发展。以人为本是抗震救灾的基本理念，思想政治工作应充分体现人文关怀，把解决思想问题与解决实际困难结合起来。心理救助是抗震救灾的重要内容，思想政治工作应做好心理安抚、情感疏导。科学化、专业化、现代化救援是抗震救灾的技术保障，思想政治工作应汲取现代化、科学化理念，建立快捷有效的突发事件反应机制，实现手段创新。及时、透明、到位的信息发布机制是抗震救灾的舆论保障，思想政治工作应坚持团结稳定鼓劲、正面宣传为主的方针，服务于良好舆论氛围的营造。英雄榜样是抗震救灾的精神脊梁，思想政治工作应广泛宣传抗震救灾英雄模范的先进事迹和崇高品格。

傅增寿（2008）[②]指出，汶川抗震救灾斗争实践昭示：中华民族传统美德根植于群众之中，具有旺盛的生命力和凝聚力，军队思想政治工作的创新发展必须在正确调整视角、努力焕发活力上下功夫；真实就是力量，真情最能动人，做好军队思想政治工作必须在真情感召官兵、公开取信群众上下功夫；军队生来为打仗，打仗未必在沙场，做好军队思想政治工作必须在引导官兵紧贴实战练兵、时刻准备打仗上下功夫。崔青青等（2011）[③]指出，在四川汶川、青海玉树和甘肃舟曲等一系列特大灾难面前，全党全军全国各族人民守望相助众志成城，展开了艰苦卓绝的抗震救灾斗争，铸就了伟大的抗震救灾精神。高度重视抗震救灾实践及其精神的教育功能，具有重要的现实意义。

---

① 郑言惠. 抗震救灾斗争中思想政治工作的几点启示[N]. 光明日报，2008-06-29（7）.
② 傅增寿. 抗震救灾对军队思想政治工作创新发展的启示[J]. 南京政治学院学报，2008（6）.
③ 崔青青，黄梅英，陈坤. 弘扬抗震救灾精神 推进高校思想政治教育[J]. 思想理论教育导刊，2011（9）.

抗震救灾为高校思想政治教育提供了丰富的教育内容。胡沁熙（2012）[①]认为，抗震救灾精神是中华民族在新的历史条件下，在多次抗击地震灾害的伟大实践中所凝铸的一种崇高精神。高校应当把握大力弘扬抗震救灾精神的历史契机，将抗震救灾精神与大学生感恩教育相结合，努力培养大学生的感恩意识，最终促使大学生感恩行为的产生。

4. 通过弘扬抗震救灾精神推动公民道德建设

刘云山（2008）[②]指出，公民道德建设是一项塑造人们精神、培育社会风尚的基础性工作。经过抗震救灾斗争的洗礼，人们对思想道德建设地位与作用的认识更加深刻，对弘扬培育民族精神和时代精神的期望更加强烈，对巩固发展社会主义新型人际关系的要求更加迫切。抓住重大事件、重大考验提供的契机，总结和运用好蕴藏其中的宝贵精神财富，因势利导、顺势而为，公民道德建设更能够引起共鸣、取得共识，产生集聚和放大效应，收到事半功倍的效果。我们要十分珍惜伟大抗震救灾精神，把抗震救灾斗争培育和弘扬的崇高思想、优良作风作为社会主义精神文明建设和社会主义核心价值体系建设的生动教材，把弘扬抗震救灾精神作为提升国家文化软实力的重要举措，努力贯穿到公民道德建设各个环节，使弘扬抗震救灾精神的过程成为坚定理想信念、强化精神支柱的过程，成为提升公民道德素质、增强社会责任感的过程，成为引领社会风尚、提高社会文明程度的过程。苏玉琼[③]总结汶川救灾重建实践经验认为，抗震救灾精神是社会主义核心价值体系与救灾重建实践相结合的产物，是社会主义核心价值体系在全新实践环境下的时代彰显。

---

① 胡沁熙."抗震救灾"精神与大学生感恩教育研究[J].吉首大学学报（社会科学版），2015（S1）.
② 刘云山.大力弘扬抗震救灾精神 扎实推进公民道德建设[J].思想政治工作研究，2008（11）.
③ 苏玉琼.抗震救灾精神是社会主义核心价值体系与救灾重建实践相结合的产物[J].理论界，2012（3）.

1.4 口述史方法的契合性与可深入性

口述历史在人类社会发展的漫长过程中原本就存在，人类的上古史的承续流传，口述历史是其重要手段。随着文明的发展与进步，文献研究逐步成为历史研究的主要手段。有意识地把口述历史作为一种研究方法重新发现与运用，在西方已有了七八十年的历史，在许多国家形成了专门的研究机构和不同的学术流派。在国内，口述史的研究近十余年来方兴未艾，在中共党史、科技人物史的研究中已取得不少令人瞩目的成果。当代口述历史研究强调作者必须是所研究的历史过程、历史事件的亲历、亲见、亲闻者，这决定了口述史具有不同于一般文献研究的显著特点，它不仅是文献研究的佐证，而且真实、生动、鲜活、微观，具有文献研究不可取代的作用。口述史不可避免地具有文献研究尽力避免的主观色彩，这种主观色彩——即个人的立场、感受和记忆的过滤，对重建历史现场可能带来更多的不确定性，但同时也带给历史研究者观察和分析历史事件与过程更多的视角和启发，"那些能够被提取和保存的记忆是口述历史的核心"（唐纳德·里奇，2006）[①]。此外，这正是口述历史的价值所在。口述历史正在成为历史学研究中不可缺少的方法与途径。汶川特大地震的亲历者、参与者不可胜数。由于灾难和抗震救灾的规模与过程，身历其境者的记忆与伴随震后近十年社会变迁、个人境遇而来的沉淀与思考，为研究抗震救灾精神口述历史提供了非常好的机遇，也是口述历史作为一种研究方法大显身手的场合。口述历史就是要"问一些从来没人问过的问题，搜集一些如果再不进行采访便会消失了的记忆"（唐纳德·里奇，2006）[②]。口述历史是一种历史学的研究方法，但由于抗震救灾涉及社会生活的诸多方面，因此抗震救灾精神口述历史的研究就其内容而

[①] 唐納德·里奇. 大家来做口述历史[M]. 北京：当代中国出版社，2006.
[②] 唐納德·里奇. 大家来做口述历史[M]. 北京：当代中国出版社，2006.

言，必然是多学科、综合性的研究。其研究，无论对于历史学、社会学、政治学都具有极高的学术价值。

一是时效上的及时性和契合性。汶川地震已经过去十年之久，人们对于当时事件的细节性、关键性的回忆、表达急待挖掘和记录。一方面，在十年的时间里，亲历者的生活逐渐趋于平静，内心的创伤也渐愈合，抗震救灾这一关键历史事件中的许多记忆的细节也会逐渐模糊甚至遗失，如不尽快挖掘，那么这些宝贵的史料将很难留存。另一方面，十年的时间，也足够人们去平复、沉淀和重新审视所经历的一切。正如意大利口述历史学家 A. 波特利（Alessandro Portelli）所言"真正重要的是回忆，不是被动地收集事实，而是创造事实意义的主动过程"[①]。因此，在时间平抚、内心沉淀之后，我们可以更好地搜集更加有意义、有温度、有沉淀、有理性、有反思的史料。

二是口述史研究方法自下而上的研究路径和平民化细节化等特点与抗震救灾精神研究的适切性。口述史上有平民化、史事记载细节化、史料载体多样化和史料组合系列化等特点和作用（曹幸穗，2002）[②]。口述史研究方法的应用在不同领域对口述史的适用度也不同。比如社会文化史或"人民史"就更适合运用口述历史的方法（梁景和，2007）[③]。从马克思主义群众观来看，人民是历史的创造者，是抗震救灾的主体，是抗震救灾精神鲜活的载体，抗震救灾史归根结底是一部"人民史"，亲历抗震救灾的普通民众具有特别意义的"发言权"。因此，口述史的研究方法契合于搜集诸如汶川特大地震这一重大的关键历史事件之后的关于抗震救灾精神的"民间故事"，研究从多个维度，细节化和多样化地呈现民间在抗震救灾及灾后重建过程中的故事，解析抗震救灾过

---

① 杨祥银.试论口述史学的功用和困难[J].史学理论研究，2000（3）.
② 曹幸穗.口述史的应用价值、工作规范及采访程序之讨论[J].中国科技史料，2002（4）.
③ 梁景和，王胜.关于口述史的思考[J].首都师范大学学报（社会科学版），2007（5）.

程，保存重要的抗震救灾真实素材，弘扬抗震救灾精神。运用史学研究的口述史研究方法，让抗震救灾不同维度的亲历者叙述历史，由研究者记录整理，从亲历者那里了解真相，发现真理。

三是运用口述史研究方法在抗震救灾精神研究中的可深入空间较大。一方面，抗震救灾的描述和研究多采用官方叙事方式，缺乏平民化、生动化的民间叙事方式。抗震救灾的纪实书籍，如《5·12雕像》《生命的感动》《一切为了生命》《生命壮歌》，从标题上就可以窥见浓浓的赞歌式的官方叙事方式。这些书籍大多是讲述抗震救灾过程中党的领导核心作用以及大量感人事迹，真正意义上的学术研究抗震救灾精神则比较少，而多数的研究"从理论来源上对于抗救灾阐述大多以胡锦涛同志《在全国抗震救灾总结表彰大会上的讲话》为依据"（刘娟，2012）[1]。而对于抗震救灾过程中所体现的精神的研究也偏向于国家、民族层面的提炼和解析（陈俐等，2008[2]；杨先农，2009[3]；刘书林，2008[4]；王炳林，2008[5]）。另一方面，对于抗震救灾其他主体的研究相对较少。少数研究者从志愿者、应急机制等角度研究抗震救灾（杨庆，2008[6]；梁志全，2008[7]；王月红等，2009[8]；陈家强，2008[9]）。

---

[1] 刘娟. 数字语境下国外媒体对华重大突发事件的报道研究——以《纽约时报》网站"5·12地震"报道的框架分析为例[J]. 科技传播，2010（4）.
[2] 陈俐，骆元松. 高校要加强抗震救灾精神教育[J]. 思想理论教育导刊，2008（6）.
[3] 杨先农. 抗震救灾精神的集体主义意蕴[J]. 毛泽东思想研究，2009（3）.
[4] 刘书林. 抗震救灾精神的实质及其时代特征[J]. 高校理论战线，2008（9）.
[5] 王炳林，阚和庆. 伟大的抗震救灾精神宣示了社会主义核心价值体系的蓬勃生机[J]. 求是，2008（19）.
[6] 杨庆. 浅谈非政府组织在抗震救灾中的作为——以"5·12"四川地震为例[J]. 今日南国（理论创新版），2008（6）.
[7] 梁志全. 青年志愿者：抗震救灾中的组织类型与功能分析[J]. 中国青年研究，2008（10）.
[8] 王月红，曾令勋. 从抗震救灾看应急机制与国防动员机制的融合[J]. 华中科技大学学报（社会科学版），2009（1）.
[9] 陈家强. 从"5·12"汶川特大地震看抗震救灾应急措施[J]. 中国应急管理，2008（10）.

5·12汶川特大地震之后，亲历这场灾难的群众、社会志愿者、援建者、官兵、政府人员等，每一个对此重大事件有共同体验的人都有一个自己的"生动故事"。可见，民众维度的抗震救灾精神学术意义上的研究还存在较大的空间，运用口述史研究方法在抗震救灾精神及灾难史的研究中的可深入性、可创新性极大。

四是口述史的回忆局限的可克服性。杨祥银（2000）[①]论证了口述史的作用及困难，包含事实又包含想象的回忆具有不可靠，但同时他也指出当代更多的研究者把这样的缺憾当作长处。基于抗震救灾精神口述史料及其与其他抗震救灾文献资料比照甄别，并从不同的主体维度深入调研询问，对比分析，克服回忆的不确定性的同时，可以追究不同亲历者口述历史背后的意义。一方面，尽量通过抗震救灾档案材料、民间的图片、资料等，熟悉抗震救灾已有的材料，在访谈过程，依据所掌握的资料，将已有的材料同被访谈者的回忆叙述进行比照，或依据对被访谈者前后的表述，采用追问的方式追溯事实本源。除此之外，对访谈的初步资料进行整理后，再依据整理后发现的问题，对被访谈者进行多次访谈，以厘清疑点。另一方面，通过口述史料中，个人的经历、生活史与关键事件等关联分析，发现回忆的问题及其所包含的"创造事实意义的主动过程"。

概括来看，关于抗震救灾精神的现有研究，主要有以下特点：

第一，现有研究成果从发表的时间上看主要集中于汶川地震发生的2008年。2008年之后，学界关于抗震救灾精神的研究和探讨较少。以中国知网（CNKI）期刊论文为例，2008年收录107篇，2009年51篇，2010年18篇，2011年12篇，2012年2篇，2013年3篇，2014年0篇，2015年1篇，2016年3篇，2017年1篇。这固然有学术热点交替变化的因素。但是，抗震救灾精神永远是中华民族的宝贵精神财富，仍需要进一步深化研究。

---

① 杨祥银.试论口述史学的功用和困难[J].史学理论研究，2000（3）.

第二，口述史资料是研究抗震救灾精神的重要史料来源，尤其是在汶川特大地震发生十周年之际，正是口述史料挖掘的黄金时期，若未及时加以抢救性发掘和开发利用，将会是历史性遗憾。此外，现阶段灾区各部门抗震救灾史料所存甚多，也易于搜集和发掘，以与口述史料进行比对甄别。但是，现在若不能加以系统整理和数字化开发，随着时间流逝，资料将会散失，再做资料整理及开发利用工作的难度将会增加。

第三，从内容上看，现有研究成果主要集中于对抗震救灾精神内涵的研究，然而对于抗震救灾精神的理论渊源、价值、要素、结构、功能和实践意义，以及如何将抗震救灾精神融入社会生活的方方面面的应用研究等都比较薄弱。

第四，对于抗震救灾精神的实质内涵研究，主要表现为主张把抗震救灾精神归结为某种精神的"一元论"和主张把抗震救灾精神归结为多种精神的统一的"多元论"两种不同的观点的对立。同时，对抗震救灾精神的内涵进行研究时，学界主要还是局限于从抗震救灾精神自身进行自我阐发，较少将抗震救灾精神与其他精神、与国外抗震救灾实践进行横向的比较研究，也几乎没有将抗震救灾精神作为一种历时性现象进行历史追溯和纵向梳理。

第五，学界对抗震救灾精神内涵的概括主要是基于汶川地震时的抗震实践而形成的，忽略了此前的唐山大地震、此后的芦山地震等时期的抗震救灾实践，因此，对抗震救灾精神的概括和表述难免有以点带面、以偏概全之嫌。概言之，缺乏对抗震救灾精神的历史梳理和精神演化研究。

第六，研究成果的形式相对比较单一，主要是专著（主要包括两类，一类是关于抗震救灾精神内涵的通俗解读和学术专著，另一类是关于在其他领域弘扬和应用抗震救灾精神的专著）、论文（包括学术论文、报刊论文和学位论文），以及少量的音像制品。其他形式的研究成果极为罕见。

第七，缺少多学科研究和跨学科研究。对抗震救灾精神的经济学研究、政治学研究、史学研究、哲学研究、社会学研究、心理学研究、经济学和管理学研究、生态学研究、文学研究、史学研究、艺术学研究、传播学研究等，要么非常薄弱甚或暂付阙如，缺少多学科的综合性系统研究。

1.5　主要问题和研究内容

2008年5月12日突如其来的汶川特大地震给灾区人民带来了生命财产和经济社会发展的巨大损失。坚决战胜这场灾害，保护人民生命财产安全、保卫改革开放和社会主义现代化建设成果，不仅是历史对中国人民意志、勇气、力量的严峻考验，还是全国各族人民对中国共产党执政能力和先进性的一次重大检验。在中国共产党的领导下，中国人民以无所畏惧的英雄气概、团结一致的强大力量、可歌可泣的伟大壮举，书写了中华民族发展史上新的壮丽诗篇。正是在波澜壮阔的抗震救灾和灾后重建过程中，培育和弘扬了万众一心、众志成城，不畏艰险、百折不挠，以人为本、尊重科学的伟大抗震救灾精神。2013年4月20日四川省雅安市芦山县发生7.0级地震，此次重建借鉴汶川、玉树等地震灾后恢复重建的成功经验，用三年时间完成恢复重建任务，使灾区生产生活条件和经济社会发展得以恢复并超过震前水平。对于这些抗震救灾的典范和壮举，对于其中所凝结的当代中国精神——抗震救灾精神，非常值得我们进一步研究与反思。

因此，本研究主要解决以下问题：

第一，史料挖掘整理问题。史料是研究的基础。史料挖掘部分可以为两个方面：一是口述史料的挖掘整理。目前，抗震救灾精神的研究比较注重于走"上层"路线，反映的是宏观层面的精神风貌。但是，特大地震亲历者、抗震救灾参与者在抗震救灾和灾后重建中的所作所为、所感所思，是抗震救灾精神的集中体现，也是抗震救灾精神外化为力量的重要表现。这部分资料的收集，是对抗震救灾精神研究的深化、丰富化和大众化。二是档案资料的搜集、整理和数字化。在灾区各部门留存的档案资料，若不及时整理和数字化，一经流失将会是抗震救灾史研究的一大遗憾。使用时，这两方面的资料还可以相互对照检验，以辨明正误。史料搜集大致可以分为以下四个层面：① 面对特大地震灾害，从中央到地方各级党委和政府是如何领导、指挥抗震救灾的？② 灾区各级党委和政府、广大干部群众是如何动员和行动，并在抗震救灾中发挥中流砥柱作用的？③ 人民解放军指战员、武警部队官兵、民兵预备役人员和公安民警是如何冲锋在前，勇挑重担，发挥主力军和突击队作用的？④ 全国人民是如何心系灾区，情系灾区，形成了齐心协力抗击灾害的磅礴力量的？ 灾区人民如何应对突遭巨大灾难？抗震救灾及灾后重建过程中，如何强化了灾区人民对生命的价值认识和对政府的认同？

第二，理论探索问题，即抗震救灾精神的本质、根源、内容、要素、结构、载体和价值等问题研究。如前所述，学术界对抗震救灾精神的内涵揭示有互助精神说（吴潜涛，2008）、民族精神说（周连顺等，2008）、尊重生命说（沈铭贤，2008）、自强不息说（陈鲁民，2008）、英雄主义说（余玉花，2008）、公民精神说（金岭，2008）、志愿精神说（鹿永建等，2008）和科学精神说（杜远足，2008）等，但是其本质到底是什么？抗震救灾精神产生的根源是什么？构成抗震救灾精神的要素是什么？其内在关系是什么？抗震救灾精神的当代价值是什么？等等。这些问题的解决，需要仰赖进一步的史料挖掘、开发和应用，尤其是抗震救灾精神口述史料的挖掘与整理。

第三，应用研究问题，即挖掘口述史料在宣传思想工作和社会主义核心价值观培育等方面的理论和应用价值。口述史的优势在于普通人参与历史的话语建构。首先，通过挖掘和研究特大地震亲历者、抗震救灾参与者的感知和精神面貌，可以更为贴近群众，使人们更为真实而深切的感受到：社会主义祖国大家庭最温馨，人民群众最可敬，人民子弟兵最可爱，中国共产党人最贴心；进而深切理解和认同：我国社会主义制度的优越性，中华民族的优秀品质，人民军队的政治本色，中国共产党的坚强领导，是我们国家和民族的显著政治优势，我们必须倍加珍惜、永远坚持（胡锦涛，2008）。其次，本研究通过口述史料的挖掘和研究，细致地记叙抗震救灾尤其是灾后重建过程中的感人事迹，展现灾区群众的精神面貌和时代风采，发掘它在宣传四川、宣传灾区、宣传群众方面的价值。

1.6 研究视角、思路与方法

1.6.1 研究视角

1. 历史的视角

历史研究最为关键的是史料挖掘。目前，尚没有抗震救灾精神史料的系统搜集和甄别研究，也没有相关口述史料的发掘与系统整理研究。因此，本研究的史料数据库的构建及今后系列史料辑录的出版工作，将为后人进一步研究这段伟大的历史及其精神资源提供翔实的史料支持。此外，若把汶川特大地震、芦山地震、与中华人民共和国成立以来乃至历史上的抗震救灾实践连起来看，我们才能得出一个很重要的结论：为什么抗震救灾精神在当代中国得以形成和发展？它体现了当代中国精神及其价值观，又蕴含着历史悠久的中华优秀文化。

2. 比较的视角

主要有三重比较：一是通过唐山大地震、汶川特大地震以及芦山地震等抗震救灾的比较研究，分析当代中国精神视阈下抗震救灾精神的独特意蕴，得出改革开放好、创新发展好等结论。二是分析不同社会阶层对抗震救灾精神的解读以及对它的价值认同，通过比较进一步加深对于抗震救灾精神当代意义的分析，从三个层面蕴含和弘扬社会主义核心价值观。三是制度比较的视角，通过对中外抗震救灾实践的比较，如与日本神户大地震后抗震救灾的比较，阐明为什么在社会主义制度下的中国会凝聚抗震救灾精神，进而唱响社会主义好。

3. 社会学的视角

口述史的研究，不仅是再现历史的记忆，更是对历史的反思。它可以深刻细致地记录灾区群众以及参与抗震救灾的各族人民是如何万众一心，以极为强大的凝聚力和战斗力克服特大自然灾害所带来的如此重大的困难和危机的？其中的心路历程若不加以印刻，不予以记录，不进行反思，将是人类发展史上的一大憾事。从这个意义上来说，在中华文化土壤中孕育出的抗震救灾精神也是人类征服的自然实践中所凝聚的伟大精神成果，它具有重要的意义。

1.6.2 研究思路

本研究将理论与实际相结合，将历史与现实相对照，将中外研究相比较，开展抗震救灾精神的基础研究和应用研究。具体来讲分为以下三步：

首先，基于理论逻辑、历史脉络和比较视角，构建抗震救灾精神的理论框架，并在此基础上提出口述史研究的访谈提纲。

其次，基于口述访谈史料整理，并与档案资料进行比对检验，进行抗震救灾精神史料的数字化与系统化研究，建立抗震救灾精神史料数据库。其中，口述史资料的挖掘与整理分为三轮：① 第一轮访谈：生活史。让受访者再现并讲述灾害发生以前在家庭和工作中的一系列事件，将其置于自己生活的大背景之中。②第二轮访谈：灾后的经历。让受访者重构灾后生活和工作状态的具体细节。③第三轮访谈：意义的反思。在前两轮的基础上，让受访者反思自己经历的意义；要求他们关注生活中的各种因素是如何相互作用的，并进而将其带入目前的状况；最后将录音数据转录为文字稿。

最后，在口述史资料和文献研究的基础上，展开抗震救灾精神的理论研究和应用研究，进一步深化对抗震救灾精神的理论思考，并发掘其时代价值和实践意义。

1.6.3 研究方法

1. 思辨研究

主要运用逻辑思辨的力量，从马克思主义的基本立场、观点与方法出发，运用历史的逻辑和现实的关照，深入研究抗震救灾精神的本质、根源、内容、要素、结构、载体和价值等问题，构建抗震救灾精神的理论框架。

2. 口述史研究

主要运用观察的力量，以所提出的访谈提纲为起点，对特大地震亲历者、抗震救灾参与者进行理论抽样和深度访谈，挖掘整理口述史料，并与档案资料进行对照甄别。通过对典型地区典型人物的口述史研究，再现特大地震灾害发生后，在抗震救灾和灾后重建的实践中，抗震救灾精神的缘起、发展直至发挥重大精神动力作用的一段心路历程。

3. 对策研究

将抗震救灾精神与社会现实联系起来，关注灾区群众的生活、生产和发展中存在的问题，提出促进灾区群众政治认同、价值认同、社区认同和自我认同等对策建议。

2 抗震救灾精神的形成、发展与主要内涵

先介绍了抗震救灾精神形成与发展的基本历程,讨论了抗震救灾精神形成与发展的社会历史条件;然后从团结精神、拼搏精神、自强精神、奉献精神、科学精神、大爱精神、志愿精神、感恩精神等八个方面归纳了抗震救灾精神的主要内容。

2.1 抗震救灾精神的形成与发展

2.1.1 抗震救灾精神形成与发展的进程

在东方大地上,在长达几千年的历史长河中,中华民族历经风雨、生生不息,创造了璀璨灿烂的文明。在此过程中,地震、洪水、旱灾、泥石流、雪灾,各种灾难伴随着中华民族的成长发展,因此可见,中华民族是一个多灾多难的民族。但就像恩格斯曾说过的:"没有哪一次巨大的历史灾难不是以历史的进步为补偿的。"[1] 灾难一方面给中华民族的发展带来了巨大苦难,但另一方面也促使中华民族在发展过程中锤炼形成了顽强不屈、百折不挠的伟大民族精神。

中华人民共和国成立后,我国又曾发生过多次大地震,1966年邢台半月内相继发生里氏 6.8 级和 7.2 级大地震,1976 年唐山发生里氏 7.8 级大地震……多年来,在中国共产党领导中国人民与地震灾难进行斗争的伟大进程中,中国共产党不仅带领全国人民多次战胜无情的

---

[1] 马克思恩格斯全集(第三十九卷)[M]. 北京:人民出版社,1974:199.

大地震，而且民族精神也得到了进一步传承和发扬，并初步形成了抗震救灾精神。

  2008年5月12日，以四川省汶川县为震中的一场里氏8.0级特大地震猝然袭来。这次大地震释放的能量相当于1000颗在日本广岛爆炸的原子弹的总和，重灾面积13万平方公里，涉及四川、甘肃、陕西、重庆等10个省市区、150个县，受灾百姓达4000万。[①] 这是中华人民共和国成立以来破坏性最强、波及范围最广、救灾难度最大的一次大地震。地震发生后，党中央和各级政府组织开展了"超凡的"抗震救灾斗争，最大限度地挽救了受灾群众的生命，降低了灾害造成的损失，取得了抗震救灾的伟大胜利。在此次抗震救灾中，中华民族顽强不屈、百折不挠的民族精神得到充分彰显，伟大的抗震救灾精神也得到充分体现和进一步发展。胡锦涛同志曾将其内涵概括为："万众一心、众志成城，不畏艰险、百折不挠，以人为本，尊重科学。"[②] 抗震救灾精神是爱国主义、集体主义、社会主义精神在新的时代背景下、在特殊重大危机事件中的集中体现，是中华民族伟大民族精神在当代中国的集中凝练和高度升华。

  从气壮山河的生死大救援，到艰苦卓绝的百万灾民紧急安置，再到顽强拼搏的灾后恢复重建和可持续发展，伟大的抗震救灾精神形成和发展于抗震救灾的伟大实践中。汶川特大地震发生后，在党中央、国务院、中央军委的坚强领导下，全党、全军、全国各族人民万众一心、众志成城，各地区各方面紧急行动、全力以赴，灾区广大群众不屈不挠、奋起自救，全社会奉献爱心、倾力支援，展开了一场我国历史上救援速度最快、动员范围最广、投入力量最大的抗震救灾斗争：党中央、国务院、中央军委沉着冷静、统筹全局、睿智布置、协调得力；军队和武警部队作为主力军和突击队，心系灾区人民安危，肩负党和人民期望，不畏艰

[①] 焦智立，赵宝利."数字"解读2008抗震救灾[M]. 北京：军事科学出版社，2008.
[②] 胡锦涛. 在抗震救灾先进基层党组织和优秀共产党员代表座谈会上的讲话[N]. 人民日报，2008-07-01（2）.

险,冲锋在前,舍生忘死,英勇奋战,以忠实履行使命的实际行动诠释了我军全心全意为人民服务的宗旨,在人民心中筑起了巍然屹立的不朽丰碑;全社会广大群众无私奉献、一方有难、八方来援;受灾群众奋起自救,在危难中不屈不挠、顽强拼搏。抗震救灾斗争考验了我们国家的力量,也锤炼了我们民族的意志,最终铸就了"万众一心、众志成城,不畏艰险、百折不挠、以人为本、尊重科学"的伟大抗震救灾精神。

1. 在震后应急救援和处置中抗震救灾精神得到铸就和彰显

汶川地震发生后,首先面临的就是进行震后应急救援和处置。在此过程中,勤劳勇敢的人民在中国共产党的领导下,用理想凝聚力量,用信念铸就坚强,铸就和彰显了"万众一心、众志成城,不畏艰险、百折不挠、以人为本、尊重科学"的伟大抗震救灾精神。

第一,铸就和彰显了"万众一心、众志成城"的团结精神。

在抗震救灾的第一时间,党中央、国务院立即向全国发出抗震救灾的号令,党和国家领导人的身影就出现在抗震救灾最前线,震后 2 小时 12 分,温家宝同志就赶赴四川指挥抗震救灾工作;中央各部门和各地政府紧急行动起来,尽职尽责,全力以赴,齐心协力,救援灾区;解放军和武警部队官兵迅速组成紧急救援队,披荆斩棘,强行突破,直奔抗震救灾第一线。地震发生 4 天内,中央军委连续 3 次大规模调兵,先后投入抗震救灾的官兵达 13 万人之多。部队机动速度之快、转换效率之高,受到国际社会的高度赞扬,有媒体评价:中国军队兵力投送速度之快,创下救灾历史纪录。[①]

在震后应急救援中,一幕幕感人泪下的真实场景在不断上演:人民教师奋不顾身救护学生;白衣天使竭尽全力救死扶伤;农民拿出仅剩的粮食为素不相识的灾民煮粥,倾家荡产的人们分享微乎其微的食品和水;个体商户主动捐出超市的全部物品;成千上万的志愿者自带搜

---

① 焦智立,赵宝利."数字"解读 2008 抗震救灾[M].北京:军事科学出版社,2008:130.

救器材、药品食品，自驾交通工具、工程机械，从千里之外奔赴灾区；交通、电信部门为救灾人员免费开放绿色通道，企业职工加班加点生产救灾物品；中央电视台举行的抗震救灾大型募捐活动，一次就获得了文艺界、体育界、企业界、新闻界15亿元善款，短短十天，国内捐款就已接近200亿元。全国各地血液库存瞬间达到历史最高水平，很多地方不得不"预约献血"。上万家庭争相认养地震孤儿。人们通过网络相互鼓励，向党和政府提出救灾建议。港澳台同胞同样踊跃捐款捐物，香港、台湾还派来了专业救援队、医疗队。在此过程中，中华民族"万众一心、众志成城"的团结奋进精神得到了充分彰显，中华民族又一次以雄辩的事实向全世界昭示：以"万众一心、众志成城"民族精神凝聚起来的中华民族，具有无坚不摧、战无不胜的精神力量。

第二，铸就和彰显了"不畏艰险、百折不挠"的奋斗精神。

2008年5月18日，胡锦涛同志在地震灾区视察时指出："我相信，任何困难都难不倒英雄的中国人民！"这一点在抗震救灾中得到了充分印证。地震发生后，灾区公路中断，电力中断，通信中断，宝成线、成昆线及多处铁路沿线发生塌方，道路、桥梁、房屋倒塌无数。震后三小时内，又发生余震300余次，造成长达300多公里的地表破裂，地表裂缝、地震隆起、地震鼓包等地面破坏无处不在，断层所到之处，山河改道，次生灾害频发，崩塌、滑坡非常严重，崩塌、滑坡阻塞河道，形成许多极具威胁的堰塞湖，部分地区被山体掩埋或被湖水覆盖。然而，天灾吓不倒中国共产党，吓不倒人民子弟兵，吓不倒灾区人民！

地震发生后13分钟，中国共产党领导的人民军队就已经启动应急机制。地震发生后2小时7分，成都军区两架察看灾情的直升机冒雨起飞，同一时间，驻灾区的9100名官兵紧急出征，南北并进开赴救灾一线。地震发生不到10小时，解放军和武警12 000名官兵就进入灾区。通过空中投送、铁路运输、徒步翻山越岭，短短几天内，解放军和武警就投入了超过11万兵力，涉及当时的各大战区、各兵种，包括救援、防化、医疗防疫、通信等。2008年5月13日23时15分，武警部队作战指挥部接到了来自汶川的声音——小分队用双脚21小时内征服90公里艰难险阻进入汶川县城，成为到达这里的第一支救援部队。13日20时15分，成都军区某集团军救援小分队突进汶川映秀镇；14日凌晨，四川省军区300人救援分队赶到汶川县城……与世隔绝30多个小时后，汶川人民盼来了穿迷彩服的救援子弟兵。① 人民子弟兵是打通外界与灾区联系的开路先锋，也是"不畏艰险、百折不挠"的顽强拼搏精神的最好诠释者。

地震发生后，在人民子弟兵冒着生命危险进入灾区进行救援的同时，灾区人民也在顽强自救。实际上，从地震发生的那一刻开始，他们就向世人展示了中华民族百折不挠、英勇顽强的精神品质。灾区人民在灾难面前有过惶恐，有过惊吓，但他们从未屈服，从未绝望，选择了顽强自救，向世人展示了他们的不屈和顽强，从而将灾害降到最低，提高了抢救生命的速度，推进了抗震救灾工作的进程。在人民子弟兵进入地震灾区前的30多个小时里，在汶川、北川、青川、平武，每一个灾难深重的地方都不约而同地奏起了顽强自救的强音，传诵着自强不息的凯歌，也创造了抗震自救的伟大奇迹。100小时，164小时，179小时，266小时……不断刷新的生命奇迹，让人惊叹于生命的顽强。一个个不断上演的抗震自救的感人故事都在演奏着生命的自强乐章，它们汇聚在一起，谱写了一曲自强不息、百折不挠的抗震救灾精神乐章。广大灾区人民，面对灾难百折不挠、自救互救、患难与共、自强不息，赢得了全国人民和世界人民的敬仰与尊重。

在抗震救灾的过程中，从党中央领导集体到全军官兵，从灾区人民到全国人民，"不畏艰险、百折不挠"的精神都得到了充分彰显和体现。

---

① 桑田. 抗震救灾精神的内涵与由来[N]. 人民政协报，2017-12-07（9）.

第三，铸就和彰显了"以人为本、尊重科学"的执政理念。

"人民至上"始终是中国共产党执政的核心理念，这一理念在抗震救灾过程中得到了充分体现和展示。汶川地震发生后，党和国家领导人第一时间赶往地震灾区。66岁的国务院总理温家宝在当天下午4时40分即乘坐飞机赶赴地震灾区指挥抗震救灾工作，体现了党中央和中央政府对人民安危的高度重视。5月16日，胡锦涛同志也赶赴四川灾区，到达四川后，立即驱车前往受灾严重的北川县，看望慰问受灾群众，指导抗震救灾斗争。在北川县擂鼓镇胜利村，他动情地对乡亲们说："我们一定会尽全力抢救受困群众，尽全力医治受伤群众，尽全力安排好灾区群众生活，下一步还要尽全力帮助乡亲们恢复生产、重建家园。"① 四个"尽全力"让乡亲们感受到了党中央和全国人民对灾区人民的深切关爱。胡锦涛总书记亲临灾区，给灾区人民带来了莫大安慰和巨大信心。②

对于震后应急救援和处置，中共中央明确提出："人的生命高于一切，救人是重中之重，要全力以赴抓紧时间救人，只要有一线希望，就要尽百倍努力。"2008年5月15日，《人民日报》发表题为"人民生命高于一切"的评论员文章，文章指出：抗震救灾最高原则就是尽最大可能，尽一切努力，拯救人民群众生命，只要有一线的希望我们绝不轻言放弃。③ 生命高于一切！这是抗震救灾中最让人感动的地方。"抢救人民群众生命是首要任务""只要有一线希望，只要有一点生还可能，我们就要作出百倍努力"，党和政府始终把确保人民群众生命安全放在首位的坚定信念，支撑着神凝情牵的举国大救援。

地震发生后，政府和有关部门第一时间发布信息，争分夺秒抢救

---

① 焦智立，赵宝利."数字"解读2008抗震救灾[M].北京：军事科学出版社，2008：30.
② 钟勇华.访北川县擂鼓八一中学党支部书记桂正云.擂鼓八一中学，2017年1月3日.
③ 本报评论员.人民生命高于一切[N].人民日报，2008-05-15（1）.

生命，尽全力医治受伤群众，在中华人民共和国历史上第一次为自然灾害中的遇难者设立全国哀悼日，降半旗向遇难同胞致哀……这一切，都真切地体现了对人民生命的尊重，体现了我们党"人民至上、执政为民"的理念和"关爱生命、心忧百姓"的博大情怀。

在抗震救灾斗争中，党和政府坚持人民利益高于一切，急人民群众之所急，解人民群众之所难，以实际行动践行了"人民至上"的执政理念。曾几何时，一些西方国家以人权卫士自居，对中国的人权状况横加指责。然而，这次抗震救灾，我们向世界展示了中国真正的人权。国家领导人第一时间飞赴灾区，以人为本始终贯穿救援全过程，一切工作都围绕救人展开，人民的生命高于一切。中国政府和中国人民用行动有力回击了西方国家对我们的偏见，让对中国有偏见的西方"人权论"者们不得不三缄其口。

在抗震救灾斗争，党和政府充分发挥了"尊重科学"的理念。地震发生后，党和政府在科学决策的基础上，组织了科学理性的营救：充分利用地震发生后的黄金72小时而又不囿于72小时，在进行震后救援和营救的过程中，救援人员充分发挥了科学理性的精神，充分借助现代化科技手段进行攻坚克难和灾后营救，如遥感飞机数字技术、海事卫星电话、生命探测仪、专业救助直升机、野战医疗救护车……种种科技装备的运用，在与死神争夺生命的竞赛中发挥了不可替代的作用。

2. 在灾后恢复重建中抗震救灾精神得到进一步发展和拓展

在灾后恢复重建中，"万众一心、众志成城"的精神内涵得到进一步发展和拓展，中华民族团结奋进的民族精神得到进一步彰显和发展。

再大的天灾除以13亿也会变得非常渺小，再小的爱心乘以13亿也会变得无比强大。汶川特大地震发生后，整个中华民族坚持一方有难、八方支援，举国上下患难与共，前方后方同心协力，海内海外和衷共济，凝聚起抗震救灾的强大合力。在灾后恢复重建中，从全国各地先后到来的援建者、志愿者等与灾区人民共同奋战，携手共建新村新城，或通过其他各种方式，支持灾区建设，使中华民族团结奋进的民族精神得到进一步彰显和发展。

  在党、政府和社会各界支持下，震后汶川县漩口中学师生在山西安置复课。在此期间，师生的学习、工作和生活得到山西当地政府和社会各界的热切关爱。① 地震发生后，在山东省政府和济南市政府的帮助下，北川县擂鼓中学近600名师生乘坐山东方面提供的专列到济南章丘第三职业中专学校进行异地复课。在此期间，他们的学习、工作和生活受到了无微不至的照顾，让擂鼓中学的师生们"每天有温暖""处处有感动"；而就在擂鼓中学近600名师生在山东异地复课的同时，由济南军区投资8000多万元援建的擂鼓八一中学正在紧锣密鼓地进行重建，重建之后的擂鼓八一中学的条件设施"以前是无法想象的"②。

  在灾后重建过程中，在绵延300公里的汶川地震带上，在震后短短两年多的时间里，中国向世界展示了一个个奇迹。震后31天，中央决定按照"一省帮一重灾县"的原则，建立对口支持机制。震后37天，国务院启动对口支援机制。"要钱出钱，要人出人，要力出力"，19个援建省视援建为己任。19个省市主要领导亲自带队，第一时间赶往灾区调研，迅速制定对口支持工作方案。其他兄弟省区市也主动请战，向灾区人民奉献无疆大爱。香港特别行政区、澳门特别行政区第一时间主动承诺，全力支持四川地震灾区重建工作。海南省和内蒙古自治区也主动请缨，主动携手援建宝兴县、大邑县。同样是地震灾区的重庆市对口支援四川崇州市，体现出"川渝一家人"的兄弟情义。全省21个市州中，受灾较轻的13个市，一边抗灾自救，一边伸出援

---

① 胡子祥.访原汶川县漩口中学王福春老师.汶川县教育局，2017年7月18日.
② 钟勇华.访北川县擂鼓八一中学党支部书记桂正云.擂鼓八一中学，2017年1月3日.

手，也主动承担了极重灾区13个重灾乡镇的对口支援任务。18个省市累计派驻灾区援建干部2740名、援建队伍31万多人，支医支教支警及其他工作人员29 400多人。通过共同努力，截至2011年4月，灾区重建农房190.85万户、城镇住房28.83万户，建成学校3839所、各类医疗卫生和康复机构2169个，建成各类基础设施项目5000多个，[①]实现了"家家有房住，户户有就业，人人有保障，设施有提高，生态有改善"的目标。这是全国各族人民"万众一心、众志成城"的奋斗结果。

在灾后恢复重建中，"不畏艰险、百折不挠"的精神内涵得到进一步发展和拓展，中华民族顽强拼搏的民族精神得到进一步彰显和发展。

面对特大地震的巨大灾难，全国人民临危不惧、奋不顾身、舍生忘死，哪里灾情危急就向哪里冲去，哪里有生死考验就向哪里挺进，哪里有受灾群众就向哪里集结。面对灾后恢复重建的巨大困难，灾区群众打出的标语是："有手有脚有条命，天大的困难能战胜""不等不靠不要，坚定坚强坚韧"。这种"不畏艰险、百折不挠"的精神充分展现了中华民族顽强拼搏的优秀精神品格。

在灾后恢复重建中，"以人为本、尊重科学"的精神内涵得到进一步发展和拓展，中华民族关爱生命、崇尚理性的民族精神得到进一步彰显和发展。

党和政府以科学发展观为指引，统筹灾后重建工作。为了确保汶川地震的灾后恢复与重建工作得以有力、有序、有效地展开，并积极、稳定地恢复灾区群众生活、生产、学习与工作条件，进而促进灾区经济社会的恢复和发展，中国政府依据《中华人民共和国突发事件应对法》和《中华人民共和国防震减灾法》，制定了《汶川地震灾后恢复重建条例》。该条例于2008年6月4日经国务院第11次常务会议通过，2008年6月8日以中华人民共和国国务院令第526号公布施行。这是

---

① 桑田. 抗震救灾精神的内涵与由来[N]. 人民政协报，2017-12-07（9）.

我国首个专门针对一个地方地震灾后恢复重建的条例,将灾后恢复重建工作纳入法制化轨道。

从《汶川地震灾后恢复重建条例》的相关条文来看,灾后恢复重建坚持以人为本、科学规划、统筹兼顾、分步实施、自力更生、国家支持、社会帮扶的方针,遵循以下原则:① 受灾地区自力更生、生产自救与国家支持、口支持相结合;② 政府主导与社会参与相结合;③ 就地恢复重建与异地新建相结合;④ 确保质量与注重效率相结合;⑤ 立足当前与兼顾长远相结合;⑥ 经济社会发展与生态环境资源保护相结合。该条例还要求编制地震灾后恢复重建规划时,应吸收有关部门、专家参加,并充分听取地震灾区受灾群众的意见,重大事项应组织有关方面专家进行专题论证。上述方针和原则在过渡性安置、恢复重建规划、恢复重建的实施等灾后恢复重建的每一个环节中都得到了很好的贯彻和落实,充分体现了"以人为本、尊重科学"的精神。

人民的利益高于一切、先于一切、重于一切。在灾后恢复重建的过程中,党和国家始终坚持将人民的利益置于首位,充分体现了我国社会主义制度珍爱生命、保护人民的本质;坚持把充分发挥人的能动精神与充分发挥科技的重要作用紧密结合起来,攻克道道难题,化解种种风险,使科技成为战胜地震灾害的有力支撑。这种关爱生命、崇尚理性的价值取向,充分展现了中华民族"以人为本、尊重科学"的优秀品质。

地震发生三年后再走进灾区:映秀、虹口、汉旺、红白、南坝、姚渡、木鱼……那些曾经撕心裂肺的名字,上百个涅槃重生的小镇,如颗颗璀璨的明珠。汶川、北川、青川、都江堰、绵竹、什邡……一座座复活与新生的县城,如今恢复了美丽和生机。在恢复重建的灾区,最漂亮的是民居,最坚固的是学校,最现代化的是医院,最满意的是群众。这一切都是灾后恢复重建工作始终遵循"以人为本、尊重科学"的方针所取得的成果。

2.1.2 抗震救灾精神形成与发展的条件

伟大的抗震救灾精神的形成和发展，既有赖于中国共产党的坚强领导、中国特色社会主义制度的巨大优越性、改革开放以来中国经济发展所造就的坚实技术、物质保障，又有赖于以爱国主义为核心的强大民族精神的支撑。

1. 中国共产党的坚强领导

"办好中国的事情，关键在党。"[1] 党中央的坚强领导是抗震救灾斗争取得伟大胜利的根本原因，正如胡锦涛同志在抗震救灾先进基层党组织和优秀共产党员代表座谈会上的讲话中所指出的："抗震救灾斗争能够迅速取得重大阶段性胜利有多方面的原因，其中最重要的一个原因就是党的坚强领导，各级党组织和广大共产党员发挥了中流砥柱作用。"[2] 中国共产党的坚强领导也是抗震救灾精神得以形成和发展的重要条件。

汶川地震后，中国共产党带领中国人民进行了史诗般的伟大抗争和伟大救援。地震发生后，党中央果断进行决策。中共中央政治局常委会连夜召开会议，全面部署抗震救灾工作。地震发生当晚，中央政治局先后3次召开会议部署抗震救灾工作，并成立了由国务院总理任总指挥的抗震救灾总指挥部，指挥部先后召开13次会议具体部署和落实抗震救灾一系列重大举措。地震发生后，党和国家领导人多次亲临一线指挥抗震救灾斗争，冒着余震不断的危险，把党中央的关怀送到灾区人民身边。66岁的国务院总理温家宝在地震发生2小时12分钟后即乘坐飞机赶赴地震灾区指挥抗震救灾工作。5月16日，胡锦涛总书记也赶赴四川灾区，看望慰问受灾群众，指导抗震救灾斗争。为

---

[1] 习近平. 在庆祝中国共产党成立95周年大会上的讲话[N]. 人民日报，2016-07-02（2）.

[2] 胡锦涛. 在抗震救灾先进基层党组织和优秀共产党员代表座谈会上的讲话[N]. 人民日报，2008-07-01（2）.

迅速安置受灾群众，胡锦涛同志亲自召集会议，部署帐篷和活动板房生产任务，会后又立即赶赴浙江等地，深入生产车间考察救灾帐篷的生产情况。温家宝同志到达灾区后的5天时间里走遍了每一个重灾区，哪里有灾情，哪里就有他坚定从容的部署与安排；哪里有灾民，哪里就有他充满温情的抚慰与鼓励。中共中央政治局常委会其他7位常委也在不同时间，先后出现在抗震救灾第一线考察、慰问和指导救灾工作，进行爱心接力。在抗震救灾中，党中央率先垂范、身先士卒，表现出了非凡的政治勇气和决心，影响和带动了全党、全军和全国各族人民，对抗震救灾精神的形成起到了极好的引导和催化作用。

在党中央的坚强领导下，各级党委快速反应、果断决策、指挥有力，充分发挥了领导核心作用；参加抗震救灾的基层党组织紧急动员、迅速行动、有力组织，充分发挥了战斗堡垒作用；广大党员干部挺身而出、身先士卒、勇往直前，充分发挥了先锋模范作用。全国各级党组织和广大党员、干部同心同德、和衷共济，充分发挥了全国一盘棋的大团结、大协作精神。

在抗震救灾斗争中，广大共产党员在危难时刻做到了豁得出来、冲得上去。许多党员刚刚从废墟上爬出来，就带着满身伤痛去抢救受伤群众；许多党员把生的希望留给群众，把死的危险留给自己；许多党员强忍失去亲人的悲痛，舍小家、顾大家，以非凡的意志投入抗震救灾斗争。广大共产党员用自己的行动集中展现了新时期共产党人的光辉形象，彰显了共产党人的先进性。地震发生后，四川省260多万党员、14万基层党员干部和9000多名县处级以上干部日夜奋战在第一线，[①]用生命书写忠诚，在抗震救灾斗争中经受住了考验。"哪里有受灾群众，哪里就有共产党员！"这是地震发生后四川省委第一时间向全省党员特别是党的干部发出的号召，也是四川省抗震救灾斗争的真实写照。

---

① 黄宏.抗震救灾精神[M].北京：人民出版社，2008：4.

2008年5月18日，中共中央组织部发出关于做好部分党员交纳"特殊党费"用于支持抗震救灾工作的通知。通知发出后，中共中央政治局常委会9位常委带头交纳"特殊党费"，广大党员迅速掀起了交纳"特殊党费"支持抗震救灾的热潮。截至2008年6月11日，全国已有3420万名共产党员自愿交纳"特殊党费"，共交纳69.83亿元，其中交纳1000元以上的党员245.7万人。[①] 3400多万名共产党员自愿交纳"特殊党费"，这是广大共产党员充分发挥先锋模范作用的一次具体体现，是对党的宗旨最直接、最形象的诠释，彰显了新时期共产党员自觉保持先进性的时代风采。尤其感人至深的是，很多经济上并不宽裕的普通党员，特别是农村党员毅然交纳了几百元、几千元甚至上万元的"特殊党费"，不由令人肃然起敬。

抗震救灾斗争取得伟大胜利，充分表明中国共产党是中国人民的主心骨，是战胜一切艰难险阻的坚强领导核心。面对特大地震灾害，我们党坚强领导、果断决策，最广泛地凝聚起人民群众的共识，最大限度地调动起蕴藏在人民群众中的伟大力量，从容应对最严峻的挑战，显示出有效驾驭复杂局面的卓越能力，受到人民群众的衷心爱戴，赢得了国际社会的普遍赞誉。

2. 中国特色社会主义制度的巨大优越性

面对特大地震灾害，我们能够迅速举全国之力投入抗震救灾，形成一切为了灾区、一切支持灾区的生动局面，救援速度最快、动员范围最广、投入力量最大，取得抗震救灾斗争的伟大胜利，并形成伟大的抗震救灾精神，还依赖于中国特色社会主义制度的巨大优越性。

我国的国体是工人阶级领导的、以工农联盟为基础的人民民主专政的社会主义国家，实行的是社会主义制度；在政体上实行的是人民

---

① 焦智立，赵宝利. "数字"解读2008抗震救灾[M]. 北京：军事科学出版社，2008：239.

代表大会制度。在这种国体和政体下，我国实行的政党制度是中国共产党领导的多党合作和政治协商制度，中国共产党是执政党，各民主党派是参政党，接受中国共产党的领导。改革开放以来，我国的人民代表大会制度在理论与实践上日趋完善，中国共产党领导的多党合作和政治协商制度亦不断完善，使中国的政治体制的优越性日益得充分展现。关于社会主义制度的巨大优越性，邓小平曾指出："社会主义国家有个最大的优越性，就是干一件事情，一下决心，一做出决议，就立即执行，不受牵扯。"① 一贯敌视中国的美国右翼学者弗朗西斯·福山（Francis Fukuyama）也不得不承认："与其他权威政府比，中国的机制化程度相当高。中国共产党已经发展成一个高度适应性强、独立自主和上下一致的组织，能够在偌大的一个国家动员所有成员——中国体制更少受到个人因素影响，更为现代。"② 正是基于具有中国特色的政治体制和政党制度，中国共产党的先进性与创新活力得以保持，党和国家机关的权力运作得到科学规范地执行，人民群众对我们党和政府具有高度信任，从而使党和政府能够发挥强有力的领导作用和组织能力，调动和组织国内一切力量和资源，高效、快捷地应对各种风险和挑战。可以说，没有改革开放40年来不断发展和完善的中国特色社会主义制度，就没有地震发生后协调联动的应急救援体系、现代高效的国家动员和管理能力。

抗震救灾斗争的胜利，充分彰显了社会主义中国集中力量办大事、办难事、办急事的制度优势，这种制度优势也是伟大抗震救灾精神赖以形成的重要条件。

3. 改革开放以来中国经济发展造就的坚实技术、物质保障

改革开放为中国经济社会发展插上了腾飞的翅膀，使中国的综合国力得到了极大提升，为抗震救灾斗争提供了坚实的物质基础，也

---

① 邓小平文选（第三卷）[M]. 北京：人民出版社，1993：240.
② 章传家，马占魁，等. 中国自信[M]. 北京：人民出版社，2016：66.

为抗震救灾精神的形成提供了坚实基础。

汶川地震发生后,在党和政府的有力组织和领导下,迅速构建起空中、铁路、公路、水路立体运输线,食品、药品、帐篷、机械等各种救灾设备和物资源源不断地运抵灾区,并全面修复了电网、路网、通信设施,创造了世界救灾史上的奇迹。

改革开放使中国国库殷实,使国家能够对抗震救灾提供巨大资金投入。地震发生20天后,各级政府共投入抗震救灾资金226.09亿元,其中中央财政投入182.98亿元;全国共接收国内外社会各界捐赠款物总计415.38亿元。截至2008年6月30日12时,各级政府共投入抗震救灾资金547.17亿元,其中中央财政投入496.11亿元;全国共接收国内外社会各界捐赠款物总计552.70亿元,实际到账款物547.293亿元。[①] 2008年5月21日,国务院常务会议决定,中央财政当年安排700亿元用于灾区重建,2009年又专门安排了1300亿元资金用于重建。国务院还专门出台了《汶川地震后恢复重建对口支援方案》,按照"一省帮一重灾县"的原则,明确要求东部、中部19个省市不低于上年度财政收入1%的力度对口支援灾区重建,为期三年。19个省市接到任务后迅速开展了灾区重建工作,每一个省市都把支持灾区重建作为重大的政治任务去执行。到2012年,四川142个受灾县用于恢复重建和发展重建的资金达到1.7万亿元。[②]

抗震救灾是对一个国家综合国力的全面检验。没有改革开放40年来一心一意谋发展铸就的强大实力,就难以提供抗震救灾的物质保障和技术支撑。抗震救灾的每一个进展,都同强大的国力支撑分不开。对比时隔32年的唐山大地震与汶川大地震,历史见证了改革开放的巨大威力和巨大成就。

---

① 杨先农,赵小波. 新中国抗震救灾发展简史[M]. 成都:四川人民出版社,2011:220-223.
② 中国宣布汶川地震灾后重建完成投入1.7万亿元[EB/OL]. http://www.chinanews.com/gn/2012/02-24/3697091.shtml.

4. 以爱国主义为核心的强大民族精神的支撑

一个民族的生存和发展，需要有强大的精神支撑。民族精神，是一个民族在长期的共同生活和共同实践基础上形成的，是在该民族生存和发展的历史长河中逐步发展的，为该民族大多数成员所认同和接受的思想意识、价值取向、道德规范、品格风范和文化传统的总和。它是一个民族的灵魂，能够使人心凝聚、精神振奋，使一个民族成为有强大生命力和凝聚力的民族。尤其在当今世界，民族精神已成为衡量一个国家综合国力的重要尺度，是国家文化软实力的重要体现，是维护一个民族稳定和发展的强大精神动力。

中华文明是世界古代文明中唯一始终没有中断、延续5000多年发展至今的文明。中华民族何以历经磨难而信念愈坚、饱尝艰辛而斗志更强，生生不息、薪火相传呢？其奥秘就是有博大精深、底蕴无穷的中华民族精神的有力支撑。中华民族优秀儿女在创造辉煌历史的进程中，依托历史悠久、富有生命力的文化传统，不断培育、积累和形成了以爱国主义为核心的伟大民族精神。

抗震救灾斗争的胜利充分表明，以爱国主义为核心的民族精神是中华民族的宝贵财富，是战胜一切艰难险阻的强大动力。地震发生后，地动天不塌，大灾有大爱。在我国960万平方公里的大地上，到处洋溢着爱的暖流，凝聚着坚不可摧的精神力量！这是举世罕见的一个民族以整体的力量与巨大的自然灾害相抗争的壮举，充分展现了全国人民团结起来所表现出的强烈爱国之心、浓浓同胞之情、团结奋进之力，展现了中华民族伟大的民族精神。

在抗震救灾的第一时间，党中央、国务院立即向全国发出抗震救灾的号令，党和国家领导人的身影就出现在救灾最前线；中央各部门和各地政府紧急行动起来，尽职尽责，全力以赴，齐心协力，救援灾区；解放军和武警部队官兵迅速组成紧急救援队，披荆斩棘，强行突破，直奔抗震救灾第一线，创下了短时间内运兵10万的纪录；全国人民火速行动起来，在危急之际，纷纷奉献爱心，伸出援助之手。

2.2 抗震救灾精神的基本内涵

中华人民共和国成立以来，中国共产党领导中国人民多次战胜地震等自然灾害，砥砺了民族品格，形成了抗震救灾精神。抗震救灾精神是时代精神和民族精神在同抗击自然灾害的殊死搏斗中所形成的交汇融合，是爱国主义、集体主义、社会主义精神在重大危机事件中的集中体现，是革命英雄主义和社会主义人道主义的凝练升华。举世震惊的汶川特大地震震级高、突发性强、破坏性大，造成了深远的社会影响。时至今日，汶川特大地震十周年祭日，全国人民齐心协力进行的灾后重建也成往事，所明确的"万众一心、众志成城、不畏艰险、百折不挠、以人为本、尊重科学"的抗震救灾精神[①]始终具有强大的生命力。这一精神是唐山抗震救灾，"九八抗洪精神"、抗击"非典"、抗击南方冰雪精神的延续与升华，在此后的玉树、芦山、鲁甸、九寨沟等大地震中得以实践和发展，在中华民族抗击自然灾害及重大危机事件处理中不断得以丰富，在灾后重建和灾区可持续发展中不断焕发生机。其时间跨越抗震救灾、灾后重建和灾区可持续发展，其空间覆盖全川，辐射全国，牵动全球，提供了强大的精神支撑和不竭动力。

习近平多次谈"大力弘扬抗震救灾精神"，强调："我们今天要继续弘扬抗震精神，为实现全面建成小康社会奋斗目标、实现中华民族伟大复兴的中国梦注入强大精神动力。"[②] 正是因为其理论意义和现实价值不仅局限于抗震救灾本身，乃是实现中华民族伟大复兴的"提神"法宝。

汶川地震已经过去十年，十年时间的沉淀为理性反思和科学总结提供了基础和条件，在纪念汶川特大地震十周年之际，以最新有关汶

---

① 胡锦涛. 在全国抗震救灾总结表彰大会上的讲话[N]. 人民日报，2008-10-09（2）.
② 习近平总书记的唐山八小时"弘扬抗震精神，为中国梦注入强大精神力量"[N]. 人民日报，2016-07-30（1）.

川特大地震口述历史资料为根据,进一步挖掘抗震救灾精神的丰富意蕴和时代特征,将抗震救灾精神内涵概括为"团结精神、拼搏精神、自强精神、奉献精神、科学精神、大爱精神、志愿精神、感恩精神",为社会主义核心价值体系建设注入新的时代内涵,提供鲜活生动的思想资源。将抗震救灾精神凝铸为新时代中华民族文明进步的标志之一,对于推进社会主义核心价值体系建设的实施,提高文化软实力,具有深远的意义。

2.2.1 万众一心、众志成城的团结精神

团结精神植根于中华民族的集体主义价值观和民族品格,体现了社会主义制度在国家社会动员力、党中央的号召力、人民群众的主体作用发挥等方面的优越性,具有强大的感染力、凝聚力和战斗力。

团结精神是中华民族在漫长的发展过程中,共同劳动、生活和斗争所形成的,它既是一种民族精神,也是一种民族文化。中国优秀传统文化中仁爱、自强、忠勇、尚和、大同等精神品质,在中华民族代代相传,中国人强烈的家国情怀,使血脉相连的同胞情感,具有患难与共的深刻感染力。灾难和死神面前的不屈不挠、舍己救人的人间大爱、拯救生命的坚定从容、忠于职守的高度责任、共克时艰的勠力同心等,都为团结精神赋予了新的时代内涵。改革开放以来,特别是在抗洪抢险、抗击非典、抗击冰雪灾害的斗争中,患难与共集中体现在各族人民的行动中。唐山抗震救灾精神"公而忘私、患难与共、百折不挠、勇往直前"的诠释与汶川抗震救灾精神中"万众一心、众志成城"、芦山抗震救灾的"同心同德"精神相呼应,彰显了中华儿女抗震救灾中同呼吸、共命运、心连心,患难与共的团结精神内核。

抗震救灾坚持了集体主义价值导向,表现出个人与个人,个人与群体的密切联系。人的本质是社会关系的总和,任何人都生活在一定的社会群体中,个人作用的发挥是极其有限的,社会越发展,人

与人、人与社会的联系也就越紧密。马克思主义的世界观强调个人在集体中获得发展和自由，集体利益与个人利益辩证统一，集体利益高于个人利益。在抗震救灾中，党的坚强领导和"万众一心、众志成城"的恢宏气势，彰显了全国人民团结、协作、互助、友爱的精神，是集体主义精神的突出表现。在社会主义社会，国家利益、集体利益和个人利益根本上是一致的，体现出"人人为我、我为人人"的精神，互相关心、爱护和帮助。地震发生后，从边疆到内陆，从城市到村寨，不分民族，不分老幼，不分单位和个人，有钱出钱、有力出力，都为了一个共同的目标，为抗震救灾和灾后重建尽一份力，成为全社会的共识和自觉行动。在巨大的灾难面前，灾区保持了社会安定团结、工作秩序、生产秩序、社会秩序的井然，最终取得了抗震救灾和灾后重建的全面胜利。

邓小平指出，社会主义国家有个最大的优越性"就是干一件事情，一下决心，一做出决议，就立即执行，不受牵扯"①。"在长期革命、建设、改革的实践中，党形成了独特的理论优势、政治优势、组织优势、制度优势和密切联系群众的优势。"② 这种制度的优越性确保了快速反应、及时、高效的中国速度、中国力量，激发和衷共济的真挚情感，启发智慧并产生强大的战斗力。党的坚强领导和强大社会动员力为凝铸抗震救灾精神提供了根本政治保障。胡锦涛指出："抗震救灾斗争能够迅速取得重大阶段性胜利有多方面的原因，其中最重要的一个原因就是党的坚强领导，各级党组织和广大共产党员发挥了中流砥柱作用。"③ 各级政府、各族人民、各界人士紧紧团结在党中央周围，发挥全国"一盘棋"的大团结精神，夺取了抗震救灾和灾后重建的伟大胜利。

---

① 邓小平文选（第三卷）[M]. 北京：人民出版社，1993：240.
② 虞云耀. 中国道路与中国共产党[J]. 求是，2014（1）.
③ 胡锦涛. 在抗震救灾先进基层党组织和优秀共产党员代表座谈会上的讲话[N]. 人民日报，2008-07-01（2）.

"地震发生后,整个救援很有序,灾区百姓也非常团结,齐心协力,配合救援和转移。"[①]震后三个月,灾区学校全部复课,商业网点和企业基本恢复经营;震后三年基本实现"家家有房住、户户有就业、人人有保障、设施有提高、经济有发展、生态有改善"[②]的重建目标。汶川县漩口中学师生震后在山西安置复课,远离家乡,师生都非常团结,不会做饭,大家就分工协作,大家一起做,住的地方少,就大家挤挤,师生同吃同住,互相支撑,共渡难关。[③]都江堰向峨乡素来有淳朴的民风和互帮互助的风土人情,经历地震后的人们能够更深刻地体会"一方有难,八方支援"的民族情感,村民们都说"全国各地,甚至国外的都来帮助我们,我们自己本身更应该团结"。现在的向峨乡,"亲戚、朋友、邻居都可能是随喊随到",每年种猕猴桃时授粉、除草、施肥、摘果,各家的红白喜事都相互帮忙,不求回报。[④]涅槃后的灾区人民更加团结和坚强,处处充斥着生命的力量。

2.2.2 不畏艰险、勇往直前的拼搏精神

多难兴邦、多难砺党。抗震救灾精神是时代精神和民族精神在同抗击自然灾害的殊死搏斗中所形成的交汇点,不畏艰险、勇往直前、顽强进取、百折不挠的拼搏精神,在抗震救灾精神中灿灿生辉。中华民族在漫长的历史发展过程中锻炼和培育了勤劳勇敢、不屈不挠的奋斗精神,这一精神在抗震救灾实践中得以弘扬,体现出执政为民的主体责任性,不屈不挠的理想信念性和英勇无畏的时代使命性。如果说以人为本是抗震救灾取得胜利的基本前提和主体伦理,坚韧不

---

① 赵淋.访原北川县陈家坝派出所所长段成渝.北川县公安局,2017年8月15日.
② 任仲平.在这里我们写下"中国信心"——汶川特大地震三周年志[N].人民日报,2011-05-11(21).
③ 胡子祥.访原汶川县漩口中学王福春.汶川县教育局,2017年7月18日.
④ 雷芳.访都江堰向峨乡村民李贵兴.都江堰向峨乡家中,2017年6月25日.

拔、英勇无畏则是抗震救灾的决胜因素和根本观念。

从伦理层面，拼搏本着尊重生命的基本价值取舍，从政治角度，拼搏源于执政为民的强烈责任感和主体担当。集体主义的实质是为人民服务，在抗震救灾中，中国共产党全心全意为人民服务的宗旨得到了充分体现。党和政府作出"只要有一线希望，只要有一点生还可能，我们就要作出百倍努力"[①]"不惜任何代价先救人"的庄严承诺，彰显其立党为公、执政为民的不变初心。人民至上，生命至上，安全至上，民生至上始终是党和政府的牵挂所在，想灾区群众所想，急灾区群众所急，解灾区群众所难，办灾区群众所需，一直是灾区各级党组织的行动指南。整个恢复重建工作，围绕民生问题展开，从妥善安置受灾群众生活、加快城乡居民住房建设、重建公共服务设施和重点基础设施，到扩大就业、防范次生灾害，到生态恢复、环境治理和土地整理复垦等工作，都把人民利益放在首位。事实证明，党中央的坚强领导和非凡组织才能，构筑了伟大的精神长城，广大党员干部身先士卒、勇往直前，用实际行动践行社会主义核心价值体系，以坚定的理想信念自觉担当起抗震救灾和灾后重建的重任，基层党组织形成了一个个坚强的堡垒，成为带动灾区恢复重建的"火车头"。[②]正是这种强大的精神力量，使社会各方力量被充分调动，灾区人民看到了希望，不断增强战胜艰难的决心和勇气，坚强奋起，化危为机，充分发扬主观能动性，同来自全国各地的援助力量汇聚成势不可挡的强大力量，投身灾区救援和和灾后重建，在废墟上重建起美好家园。

拼搏精神内蕴着传统文化自强不息、厚德载物的精神基石，更汲取了革命文化中不怕牺牲、英勇斗争的革命精神。中华民族向来就具有迎难而上、不屈不挠的英雄气概，具有不怕一切艰难困苦的壮志雄心，具有自强不息的奋斗精神，具有勇往直前的顽强拼搏精神。在重

---

① 胡锦涛. 在四川召开的抗震救灾工作会议上的讲话[EB/OL]. 人民网，2008-05-18.
② 赵明仁，王素，杨先农. 谱写抗震救灾精神的新篇章[J]. 求是，2011（11）.

大地震灾害面前，党和国家、全体人民，勇敢面对，与地震灾害展开了一场史无前例、惊心动魄、波澜壮阔的大搏斗，并取得了抗震救灾的胜利。许多干部战士家里遭灾、失去亲人，仍顽强战斗在自己的抗震救灾岗位，无数灾区干部群众，面对家乡废墟，不弃不离；许多幸存者忍着失去亲人的悲痛，仍战斗在抗震救灾一线。烈火炼金，多难兴邦。面对极其惨烈的地震灾难，面对极其严重的困难，广大军民临危不惧、奋不顾身、舍生忘死，哪里灾情危急就向哪里冲去，哪里有生死考验就向哪里挺进，哪里有受灾群众就向哪里集结，展现了中国人民压倒一切困难而不为任何困难所压倒的超人勇气，体现了中国人民战胜一切艰难险阻的大无畏精神。

中国人民解放军某部官兵临危受命，徒步进入灾区，设备没有进来，就徒手救援，抬着救出来的老百姓跑了三个小时送上救护车，完成生死接力。魏杨处长回忆说："路不通，进去走了接近三个小时，设备仪器没有进来，就只凭感觉，哪儿有喊声，哪儿有呼救声，就去哪儿挖，在都江堰待了三天，只吃了一碗盒饭和两个鸡蛋，喝了四瓶水，睡了四个小时。"① 原北川县交通局局长程波，短短一个月内就往返奔袭了近五千公里，带领开路先锋，冒着山体崩塌、滚石飞落的危险，夜以继日为灾区打通生命通道。② 向峨乡东林村主任苟天志，跋山涉水探路，一百天干完十年工作，只因肩上的责任与担当。③ 为了尽快完成灾后重建，工程师忘我工作，五加二，白加黑，只为让灾民尽快有个避风港。④ 汶川县文管所的库房管理员董旭梅，地震发生后第一时间，一口气爬上了六楼的库房查看她的"宝贝"，在余震不断的情况下，和同事一起徒手搬运尚未损毁的文物，其中含大量陶器，肩挑、

---

① 雷芳. 访中国人民解放军某部处长魏杨. 崇州某部队，2017年2月22日.
② 曹元梅. 访原北川县交通局局长程波. 北川县新北川宾馆，2017年8月16日.
③ 曹燕. 访向峨乡东林村村主任苟天志. 都江堰市向峨乡东林村，2017年6月25日.
④ 王雪. 访汶川县城乡规划服务中心主任汪永锋. 汶川规划建设局，2017年7月18日.

背扛、筐抬……震后，组成小分队踏着废墟去调查和收集民间文物，确保了记录在册的一万多件文物，只有一百多件破损。董旭梅回忆说："五月地震，七月底出去的时候，一百多斤的人瘦到只有八十多斤。"[①]

辞典中将拼搏精神解释为："在一定的理想、信念驱使下，人的拼命争取、全力搏斗的意志品质。"拼搏精神具有不屈不挠的理想信念，历经磨难而信念弥坚，饱尝艰辛而斗志更强。汶川特大地震在胡锦涛同志"任何困难都难不倒英雄的中国人民"的激励下，在温家宝同志"最重要的是镇定、信心、勇气和强有力的指挥"的鼓舞下，救援大军和灾区民众，没有被困难所阻挡，他们克服了千难万险，创造了一个又一个奇迹。信心、勇气，是我们战胜一切困难的力量源泉，在抗震救灾斗争中不断得到激发和磨砺。广大灾区人民，面对灾难不畏艰险，顽强拼搏，印证了他们对党和国家的信心，对生的希望所固守的坚韧不拔的信念。就是在这种极端困难的情况下，参加救援的各路大军，没有被灾难所吓倒，没有被困难所阻挡，为了第一时间抵达灾区，为了拯救更多的生命，为了以最快的速度恢复交通，为了妥善安置受灾群众生活，他们克服了种种困难，经历了种种艰辛，甚至不惜牺牲自己的生命，这种慷慨赴难的英雄主义气概，无不透露出其坚定的理想信念。

2.2.3 永不言弃、自力更生的自强精神

中华民族历经无数惊涛骇浪，在艰辛磨难中繁衍至今，兴旺发达，得益于自强不息的精神。一部中华民族的历史，就是一部与自然灾害抗争的历史。"天行健，君子以自强不息。""胜人者有力，自胜者强。"改革开放以来，我们又以自强不息精神，先后战胜1998年特大洪水灾害，战胜来势汹汹的"非典"危机，战胜2008年年初的南方雨雪冰冻灾害，不仅积累了宝贵的抗灾经验，建立了一整套行之有效的应急机制，同时

---

① 钟勇华.访汶川博物馆库管员董旭梅.汶川县博物馆，2017年7月19日.

也大大增强了我们战胜自然灾害的信心。抗震救灾的自强精神是在自爱、自信的基础上处逆求变的品质，具有立足自我、自力更生的自主性和在逆境中保持向上的乐观的目标性。广大灾区人民，面对灾难永不言弃、自救互救，赢得了全国人民与世界人民的敬重。

　　立足自我、心系他人，自强体现在自主、自信、自勉、自责等方方面面，改变现有不良状况，首先要靠自己，而不能靠他人。自我是自强的主体和首要责任人，因此自强具有立足自我、归责于己的自主性。自强的动力除了自我确认、自我肯定外，更多的是对他人和社会的责任感，因而自强同时具备自为为人、心系他人的为他性。成败、得失、荣辱、幸不幸归因于己，不怨天，不尤人，从自身方面找原因。外因是变化的条件，内因是变化的根据，外因通过内因而起作用。个人树立自强的目标有助于克服意志消沉、性格软弱，从而振奋精神，担负起时代赋予的重任；民族树立自强的目标引领国家独立自主、自力更生、艰苦创业、励精图治、发奋图强。正是这种精神，中华民族历尽沧桑而不衰，倍经磨难而更强，豪迈地自立于世界民族之林。对于抗震救灾者而言，为了抢救生命，需要不断挑战自己的生理和心理的极限；对于受灾群众而言，为了生存和发展，需要在全社会的帮扶下攻坚克难、永不言弃。据统计，唐山地震，从废墟中死里逃生的人，有1/3以上是在部队到达之前靠自救和互救脱离险境的；① 汶川地震救出的总人数约8.7万人，其中自救互救约7万人。②

　　自强是自知自己暂时处于弱势地位或不良状态但不认命，而是准备改变现有不良状况的心理状态和行动状态。自强是在自爱、自信的基础上充分认识自己的有利因素，积极进取，努力向上，不甘落后，勇于克服困难，做生活的强者。自信在抗震救灾中表现为处逆求变、

---

① 撼山易，撼我军民难——"7·28"唐山抗震追忆[N]. 人民日报，1994-07-28（3）.
② 民政部国家减灾中心，联合国开发计划署. 汶川地震救灾救援工作研究报告[R]. 联合国开发计划署，2009-03-29.

永不认命。从某种意义上来讲,自信是自主的基础,只有不认命的自信,才不会在灾难中相信宿命,或者将自救和救援依附于他人。信心就是力量,敢于与命运抗争并抱有必胜信念的人内心是强大的而不是萎缩的。地震发生时年仅10岁的北川擂鼓镇任佳凌同学,被埋废墟仍保持冷静乐观,被父亲历时数小时徒手救出。任佳凌在地震中失去了妈妈,父亲灾后重组了家庭,他也复学读书,现在已经进入大学学习,在国际和平周活动中,任佳凌受邀到北京做了"信心与勇气比金子更璀璨"的主题演讲,他体会到灾难中最重要的是要靠自己和亲人一起走出来,并乐观面对。①

自强是一种实践品格,无论是自主还是自信,必然要落脚到行动上,落脚到积极奋发向上的人生态度上,落脚到充满希望、精神激昂的人生开拓中。有为的人生哲学,乐观的人生态度,积极的开拓行动,昂扬奋发向上的精神,才是"自强不息"的真正含义。不悲观,不颓废,不自弃,调动自己整个生命中蕴含的活动能量,去进行人生的创造。灾后,面对满目疮痍的土地,村民们打出了"有手有脚有条命,天大的困难能战胜"的标语,自立自强重建美好新家园。事实证明,灾区民众面对艰巨的重建任务,不等不靠,自力更生,互帮互助,共建家园。现在,"灾区最漂亮的是住房,最坚固的是学校,最现代的是医院,最满意的是群众"这个评价"是符合实际的"。灾区民众走出灾难走向美好新生活的目标是明确的,在党的领导和八方支援下,灾区没有因灾致贫,因灾返贫,十年间不断实现跨越式发展,经济水平和公共设施建设相较地震前有了极大提高。

2.2.4 以人为本、公而忘私的奉献精神

"大事难事看担当""心底无私天地宽""苟利国家生死以,岂因祸

---

① 雷芳.访原曲山小学学生任佳凌.北川县擂鼓镇,2017年7月31日.

福避趋之"。奉献精神是社会责任感的集中表现。奉献是一种态度，是一种行动，也是一种信念，更是一种力量。在抗震救灾中，奉献精神体现为人民至上的信念，敢于担当的作风，无私付出的行动。

奉献精神，从其出发点来看，是对社会主义价值观与道德观的一种信念，强调集体利益和他人利益高于自身利益的高尚品格。这种崇高的信念就是人民利益至上。历史唯物主义认为，人民是历史的创造者，"人民立场是中国共产党的根本政治立场，是马克思主义政党区别于其他政党的显著标志"[①]。坚持人民主体政治价值取向，是抗震救灾中党员干部无私奉献的价值坚守；而广大民众的奉献精神，源自对社会主义价值观与道德观的基本遵从。当个人或小团体的利益与集体利益、人民利益发生冲突与抵触时，或是面对人民群众的迫切与紧急需要，能够在集体主义原则指引下，全心全意地为人民服务，而不计较自身的得失，主动地献身到为人民服务、推动社会主义事业发展的洪流中去。人民至上既是抗震救灾中广大人民乐于奉献的深层原因，亦是其体现形式的外在特征之一。

抗震救灾，是对社会风尚、社会公德、国民素养以及社会文明水平的大检验。在抗震救灾中，奉献精神还表现为，面对抗震救灾过程中的各种困难敢于迎难而上，面对各种危机敢于挺身而出的担当精神。把责任看得比泰山还重，在抗震救灾中始终保持一股闯劲儿、一股冲劲儿、一股韧劲儿，是一种敢于担当的奉献精神。勇于担当也是党员干部一种必备的履职能力、一种过硬的工作作风。奉献不仅表现在国家和人民需要的关键时刻，党员要站出来，豁出去，更渗透在日常的工作和生活之中，牢记始终要为人民群众服务的宗旨。

奉献精神，从其目的来看，是一种真诚自愿、不求回报的付出行为，是一种纯洁高尚的精神境界。在抗震救灾中，奉献精神的这种

---

① 习近平. 在庆祝中国共产党成立95周年大会上的讲话[N]. 人民日报，2016-07-02（2）.

不求回报、无私付出的品格特征表现得尤为突出。救援人员不畏艰险，敢于牺牲；党员干部以身作则、冲锋在前；人民群众发扬先人后己，无私奉献的利他品格，夺取了抗震救灾的最终胜利。"北川铁人书记"赵海清，大灾面前他舍小家、顾大家，号召"所有的党员干部全部站出"，攻坚克难，因过度劳累，他的主要脉窦瘤破裂严重，在被"逼"上手术台时，在手机短信里写了这样一段话："若有意外，家人要坚强。村民同意，我想待在金鼓包，一头能望见北川县城的亲人，一头能看见陈家坝旧貌换新颜。"① 原汶川县科协主席何世国临危受命负责姜维城两万群众的安置工作，灾后一直为重建工作呕心沥血，直至退休，他说："因为我是一名共产党员，大灾大难我理应冲锋在前，安置灾民我务必考虑周全，为民服务我不留半丝遗憾。"② 原曲山镇大水村支部书记唐祖华，第一时间用摄像机记录了北川灾情，八上唐家山堰塞湖大坝炸泄洪槽，灾后负责十个村的集中安置，体现了一个退伍军人和基层干部应有的担当。③ 震后，疾病预防控制和卫生防疫工作立即展开，在艰苦条件下，不少疾控工作人员长时间进行消毒，皮肤被消毒药品泡的溃烂，但是大家觉得掉皮烂肉也值得，各省防疫专家也相继深入汶川进行疾病防控、环境监测并新建了实验大楼，展开后期跟踪检查，确保了大灾之后无大疫，今日之汶川绿色健康发展。④

在灾后恢复重建过程中，灾区人民继续发扬奉献精神，不畏艰难，不计得失，重建家园。有学者以建设社会主义核心价值体系为视角，把灾后重建精神的特点概括为："坚韧自强、公正和谐、感恩奋进、人

---

① 胡子祥.访原陈家坝乡党委书记赵海清.北川经济开发区纪工委,2017年8月15日.
② 曹元梅.访原汶川县科协主席何世国.北川县城某茶楼,2017年7月19日.
③ 胡子祥.访原曲山镇大水村支部书记唐祖华.北川县投资促进局,2017年8月16日.
④ 郭海龙.访汶川县疾病预防控制中心主任姚云.汶川疾病预防控制中心,2017年7月18日.

人奉献。"① 奉献精神在灾后重建过程中的生动实践呈现出新面貌,昭示出灾区人民精神文明建设的新成效,谱写了伟大抗震救灾精神的新篇章。

2.2.5 实事求是、尊重规律的科学精神

科学精神是人们在长期的实践活动中形成的理性、求实、批判、探索、创新等信念、价值标准和行为规范的总称。自古以来,中华民族就崇尚科学,为人类科学发展做出过杰出贡献。从古代的四大发明到现代的"两弹一星",都反映出中华民族对科学的向往、追求和积极探索。尊重自然、尊重规律、尊重科学的态度和理念,在抗震救灾斗争中得到充分体现。抗震救灾强调马克思主义科学世界观与方法论指导下的科学思维、战略思维、系统思维等现代科学理性,总体上形成了科学决策、科学组织、科学救援、科学安置、科学规划、科学重建的一整套体制机制。从技术层面看,在抗震救灾中,我国运用了9种型号15颗卫星、遥感飞机、海事卫星电话等高科技装备,成功破解了大力度抢救生命、大数量应急安置、大范围防病防疫、大规模恢复重建等一系列世界性难题。

抗震救灾规范高效有序。以人为本奏响了抗震救灾的时代强音,科学施救保障了救援的有效性。中央领导同志的一系列指示、批示和要求传递着党的关怀:"把抢救生命作为首要任务,千方百计救援受灾群众""科学施救,最大限度减少伤亡""第一任务是救人,要抓住黄金救援期,一刻不能停"。汶川地震,温家宝同志亲任抗震救灾总指挥,震后仅两个小时,就飞赴灾区;芦山地震,习近平同志第一时间作出指示,李克强同志当日下午飞抵灾区,四川省委、省政府立即启动Ⅰ级应急响应。面对灾害,职能部门高效运作,社会各界大力援助,

---

① 杨先农,赵小波. 灾后重建精神继续抒写伟大抗震救灾精神的新篇章[J]. 中华文化论坛,2011(2).

保障了抗震救灾的有序高效。抗震救灾作为一项系统工程，在中国共产党的正确领导下，建立了"上下贯通、军地协调、全民动员、区域协作"的工作机制，夺取了一个又一个胜利，积累了宝贵的经验。此后的芦山地震、玉树地震、鲁甸地震、九寨沟地震，政府应急响应更迅速、应急指挥更有序、应急救援更有效、应急保障更有力。

灾后重建创新协调发展。灾后重建关键在于处理好若干矛盾关系，将民族智慧与现代观念融合、执政理念与群众需求结合。四川在灾后重建中将"科学重建、民生优先"作为核心和亮点，实施"发展型重建、人本型重建、生态型重建"①，注重因势利导和因地制宜，坚持绿色协调可持续发展，走出了一条科学重建、转型、跨越、发展之路。在一片荒原之上重建是一个"世界性的难题"，三年时间，530万户实现了"居者有其屋"，震后新建的3000多所学校、1300多座医院，设计科学、设施完善、设备现代，抗震标准一般都在8级以上；"蜀道之难，难于上青天"，面对特大地震后的蜀道，道路当日抢通，灾后飞速重建，"破解了千年难题"②；在党中央、国务院的正确领导下，灾区不仅"原地起立"，而且实现了"发展起跳"。灾区以创新的手段破难关，化危为机、乘势而起，"三年基本恢复，五年发展振兴，十年全面小康"的重建目标和"一省帮一重灾县"的对口援建创举，兑现了"沧海桑田，再还人间一个锦绣巴蜀"③的庄严承诺。

2.2.6 患难与共、同舟共济的大爱精神

大爱精神，是抗震救灾精神的内核。它体现的不仅是人之为人的

---

① 四川省社科院、四川日报社联合调研组.创新机制破难题　科学重建探新路[N].四川日报，2015-04-17（3）.
② 尚正强，苏开春."灾后重建"破解千年难题[EB/OL].中国公路网，2009-06-19.
③ 刘奇葆.炼尽黄沙自是金——"5·12"汶川特大地震三周年记[N].人民日报，2011-05-12（6）.

基本心理情感和精神取向，人类社会存在和发展普遍的人道精神，作为人的精神状态和行为方式的统一，更体现出人们在一定历史阶段和社会条件下，在接受文化熏陶与教育和现实社会实践基础上，呈现的一种尊重爱人之爱、真诚纯朴之爱、理性自觉之爱、深远持久之爱的高远的精神境界与行动状态。"德不孤，必有邻。"中国在灾难中的政府大爱、社会大爱和人性大爱，使全社会实现了从情感认同向实践认同的深入转化。

大爱是中华民族的传统美德，中华儿女在中国共产党的领导下，在建设中国特色社会主义伟大实践中，在面对突如其来的自然灾害，全党、全军，全国各界人士，同灾区人民一道，同心同德，奋勇拼搏，坚强自信，共同谱写了抗震救灾的壮丽诗篇，彰显了改革开放新时代下中国人的精神气质与风貌。这种大爱精神，主要体现为社会主义制度下，人民当家作主，在享受更多自由与平等的社会中，对中国共产党和中国政府，对祖国表达的一种诚挚的拥护和热爱；体现为党和国家，包括各级地方政府自觉践行执政为民的执政理念和广大党员干部忠于职责、肩负使命，尊重和爱护人的生命，维护人民群众利益的理性自觉的为民爱民情怀。5·12地震发生后，新加坡《联合早报》撰文，这次灾难使人"更感受到人性的美好"，"处处凸现了人性的光辉"。美国《中华商报》5月16日社论赞称"人性光辉照耀中国前行"。

大爱精神是人道主义精神的体现。人道主义精神主张人格平等和尊重，对人的生命、基本生存状况的关注是其精神内核，延伸为救死扶伤、关爱扶弱的慈善精神。人的生命高于一切、先于一切、重于一切，抢救生命成为抗震救灾的出发点和落脚点。对死者的尊重，对伤者的无条件抢救，对生者的安置转移，在废墟中体现了国人的尊严。在全国哀悼日，举国上下共同为遇难同胞默哀，体现出全民族对人的生命的高度尊重。原北川县残联副主席彭长诗，坚守十年，将北川县残疾人视为自己的家人,用爱打造温馨残联;① 原汶川县漩口中学王福春老师以学生、工作为心理支撑,消解失去妻儿的痛苦,迈向新生;② 原北川中学教师付秀银冒着生命危险为学生打开生命通道,他说:"人与人之间是相互支撑的,就跟人这个字一撇一捺一样。"③ 2008年6月18日颁布的《汶川地震灾后恢复重建对口支援方案》,明确要求19个省市以不低于1%的财力对口支援四川省重灾县市3年,参与援建的兄弟省市,把四川当作自己的第二故乡,把灾区人民当作自己的亲人,排除万难,奉献大爱。这种爱,成为灾后重建的动力。

大爱精神是开放包容的。温家宝同志在"废墟前的记者招待会"讲道:"这次救灾一开始,我们就坚持以人为本和开放的方针。"坚持以人为本,凝聚起全民族的力量;坚持积极开放,取得了道义话语权;坚持信息公开透明,掌握了救灾的主动权,赢取宝贵的救灾时机,也抚平了公众的不安。汶川地震,全国共筹集社会捐赠款物797.03亿元,收到"特殊党费"97.30亿元。④ 先后有171个国家和地区、20多个国际组织向中国提供资金物资援助近50亿元人民币,来自世界各地的多名境外救援人员参与了汶川地震应急救援。⑤ 在灾后三年间,中央安排重建资金1万亿,对口支援灾后重建的援建资金达到674亿,"三年目标任务两年基本完成"⑥,重现了一个安居乐业、生态文明、安全和谐的新家园,温家宝高度评价灾后重建"用心在建设"。

---

① 曹燕.访原北川县残联副主席、理事长彭长诗.北川县民生办公室,2017年8月16日.
② 胡子祥.访原汶川县漩口中学教师王福春.汶川县教育局,2017年7月18日.
③ 王雪.访原北川中学教师付秀银.北川县新北川宾馆,2017年8月16日.
④ 崔鹏.为地震灾区踊跃捐款全国4559.7万名党员缴纳"特殊党费"97.30亿元[N].人民日报,2010-01-10(11).
⑤ 民政部国家减灾中心,联合国开发计划署.汶川地震救灾救援工作研究报告[R].联合国开发计划署,2009-03-29.
⑥ 刘奇葆.炼尽黄沙自是金——"5·12"汶川特大地震三周年记[N].人民日报,2011-05-12(6).

2.2.7 自觉互助、关爱向善的志愿精神

志愿精神与奉献精神一脉相承，是中华文明进步的标志之一，体现着关爱向善的高尚品格，抗震救灾的志愿精神在"助人自助"中得以体现，闪耀着自发、自愿、自觉的人性光辉。抗震救灾志愿者来自四面八方、天南海北，他们不分男女老少、各行各业，几乎没有留下个人的名字，他们都是最普通的公民，奉献大爱，服务他人。抗震救灾的志愿精神使中华民族在危机中"集体顿悟"①，其铁肩义胆的抗震救灾行为，在公众生活中发挥出巨大的文化功能作用。

志愿参与，"自觉"行动。"一方有难，八方支援"，在全国人民纷纷捐款捐物的同时，各省市、部门、单位、民主党派、社会组织、华侨华人等积极组成志愿队伍，以多种形式服务抗震救灾。据不完全统计，国内先后以各种方式参加抗震救灾的志愿者达千万以上。②志愿者与灾区军民并肩战斗；捐款、献血排成了长队，义务送水、送粮、运送伤员的私人车队绵延不绝；各地医务人员和各类专家开展防疫监控；香港、澳门、台湾同胞，海外侨胞和华人团体大力支持；国际救援队伍和国际友人也伸出援助之手。志愿者不计报酬、不怕困难，以"奉献、友爱、互助、进步"的志愿义举散播无疆大爱。

主人翁姿态，辅助性功能。为人民服务的集体主义价值观和人们出于维护集体利益道德责任的志愿精神具有内在一致性，抗震救灾的志愿者用行动丰富了当代集体主义的时代内涵③，志愿者以国家主人翁的姿态，参与到抗震救灾的集体中，帮忙不添乱，拾遗补阙，发挥辅助性功能。汶川地震发生后，从唐山赶来的13位农民兄弟立下"伤亡一律自负，保证帮忙不添乱"的军令状，和救援部队一起搜寻幸存

---

① 杨先农. 抗震救灾志愿者精神四题[J]. 成都纺织高等专科学校学报，2009（3）.
② 《汶川特大地震抗震救灾志》编纂委员会. 汶川特大地震抗震救灾志（卷一）[M]. 北京：方志出版社，2015：133.
③ 杨先农. 抗震救灾精神的集体主义意蕴[J]. 毛泽东思想研究，2009（5）.

者，共救出 25 人，清理出 60 多具遇难者遗体，帮助搭建起 300 多顶帐篷，装卸救灾物资上百吨，同样的还有"老兵救援队"、村民"爱心救援队"等 14.6 万名志愿者。[①] 重灾区北川中学，老师遇难的有 40 多个，地震第二天，师生转移到绵阳，有的老师自己又跑回来了，参与到志愿者队伍中；地震之后很多专家和志愿者来一住就是几年，房子越修越好，各种硬件和软件设施也一年比一年好；[②] 志愿者组织从最初的捐助和救护发展形成了比较专业化的特色服务，如环保、支教、小额贷款、残疾人关怀、心理健康辅导等方方面面，个性化服务和专业化援助在恢复重建中持续发挥着持续的积极作用。

抗震救灾志愿精神在灾难中迸发，并转移到重建家园的实践中，转化到日常生活范式中，转化为一种公民意识和大众精神，是对志愿者精神的一次大弘扬、大普及、大检阅，志愿活动从高不可及的行为变为"人人可为"的生活方式，闪烁出时代的光芒。

2.2.8 饮水思源、砥砺奋进的感恩精神

中华民族有崇尚感恩的优良传统，古语云"投我以木桃，报之以琼瑶"，谓"滴水之恩当涌泉相报"，人与人之间的向心凝聚、社会和谐发展无不基于广泛的人际关系的积极反馈。感恩既是一种内生美德，也是时代精神和民族精神相结合的产物，起到了凝聚人心、整合力量、激励斗志、坚定信念的特殊作用，对社会公德、职业道德、个人品德和家庭美德的建设有助推作用，对民族团结和改革创新提供道德支撑。

抗震救灾中，救援队伍途经之处，百姓拉起横幅"吃菜要吃白菜心，嫁人要嫁解放军"[③]，孩子们举着牌子"感谢您"是最朴素的感恩表现；

---

① 桑田. 抗震救灾精神的内涵与由来[N]. 人民政协报，2017-12-07（9）.
② 王雪. 访原北川中学教师付秀银. 北川县新北川宾馆，2017 年 8 月 16 日.
③ 雷芳. 访中国人民解放军某部处长魏杨. 崇州某部队，2017 年 2 月 22 日.

受灾群众缺衣少粮,却坚持给救援人员送饭,一波走了,一波又来了,他们都是自发的;灾后,解放军和志愿者帮老乡收麦子,排危、搭板房,老乡也待他们如亲人一般。经历过灾难的人们更深地领悟到:最好的感恩,是扛起自己肩上的担子,以自力更生的奋进姿态,把自己的事办好。感恩是社会关系稳固的基石,在团结协作中形成的强大合力战胜了灾难,并将在日后以一定形式的共同关系延续。

灾后重建为大力弘扬感恩精神提供了契机,感恩的过程成为社会主义精神文明建设和灾区人民思想道德建设的过程,种"感恩树"、立"感恩碑"、开展"感恩文化活动"……灾区人民用感恩去表达对现有生活珍惜的态度,塑造积极的人生观。如今,灾区经济发展速度远超震前水平,灾区人民的物质生活和精神生活得到极大的丰富。许多学校的校训都加入了感恩、奋进的字眼,每周的升旗仪式和国旗下的演讲成了常规活动,孩子们也更加刻苦,教学质量和高考成绩都比震前明显提高了。灾后重建的北川县擂鼓八一中学的条件设施"以前是没法想象的",师生用一颗阳光感恩的心,回报党、政府和社会各界的关爱①;"乡村能人"李代富感叹"没有共产党就没有今天"。在自己的生意做得红红火火的同时,在社区担任基层干部,希望能够帮助大家一起富起来;②擂鼓镇村民俞太会谈到,国家帮助自己治疗好伤时热泪盈眶,伤好后,她立即回到震后的家乡,艰苦创业,重建家园,如今生活幸福美满。③都江堰市向峨乡村民李贵兴对比了现在的生活和震前生活,对自己生活状况很满足,对家乡的发展前景也满怀信心。④

从抗震救灾走出来的人民,其感恩精神不是局限的,而是将这种人性品格延续形成了一种价值观。感恩的方式不再是简单的物质或者精神

---

① 钟勇华. 访北川县擂鼓八一中学党支部书记桂正云. 擂鼓八一中学,2017年1月3日.
② 张纯. 访擂鼓社区副书记李代富. 北川县擂鼓镇镇政府,2016年7月20日.
③ 曹燕. 访擂鼓镇村民俞太会. 北川县擂鼓镇村民家中,2017年7月25日.
④ 雷芳. 访都江堰向峨乡村民李贵兴. 都江堰向峨乡家中,2017年6月25日.

的回馈，而是表现为对祖国的认同、对生活的热爱、对自然的敬畏、对规律的尊崇、对故乡的情感、对社会的责任、对人际的礼让等。感恩对象更加宽泛、方式更加理性、情感更加真挚，整个社会散发着爱的光辉和拨云见日的浩然正气。

中华儿女在中国共产党领导下，谱写了抗震救灾和灾后重建的壮丽诗篇，彰显了改革开放新时代下中国人的精神气质与风貌，所凝铸的伟大抗震救灾精神，是中华民族精神在新的时代条件下升华的社会主义先进文化形态。

汶川特大地震已经过去十年，我们在废墟上重建起物质家园的同时也构建了新的精神家园。抗震救灾精神不仅引领抗震救灾取得了伟大胜利，也是灾后重建发展的精神源泉，更必将是决胜全面建成小康社会、夺取新时代中国特色社会主义伟大胜利、实现中华民族伟大复兴中国梦的精神财富，它丰富了人类精神文明的内容，具有可传承、可辐射的性质，是中国的亦是世界的。

大力弘扬抗震救灾精神，把人民对美好生活的向往与推进社会主义核心价值体系建设的基本要求相契合，在实现中国未来发展的宏伟蓝图新征程上，用这种伟大的精神来提神助力。站在新时代，建设富强、民主、文明、和谐、美丽的社会主义现代化强国，我国的物质文明、政治文明、精神文明、社会文明、生态文明将全面提升，持续弘扬抗震救灾精神，讲好中国故事，提高国家文化软实力，为全面建成社会主义现代化强国，奋力谱写社会主义现代化新征程的壮丽篇章注入强大精神力量，为社会主义文化繁荣兴盛谱写生动篇章。

3 抗震救灾精神的本质与定位

先从人、自然、社会之间关系的角度阐释把握抗震救灾精神本质应该注意的四个问题，指出抗震救灾精神最核心的本质是集体主义精神；然后从中华民族5000年优秀传统文化、中国共产党革命文化和社会主义先进文化的角度，分析了抗震救灾精神的历史定位。

3.1 抗震救灾精神的本质

抗震救灾精神是指中华人民共和国成立后中国共产党领导中国人民在历次抗震救灾实践中凝练升华成的"万众一心、众志成城，不畏艰险、百折不挠，以人为本、尊重科学"的精神。汶川大地震过去近十年，芦山大地震过去近五年，当年的重灾区现已旧貌换新颜。这一伟大巨变向世人昭示：抗震救灾精神是推动灾区发生质变的精神内核。

1976年7月28日唐山大地震后，唐山人民用鲜血和生命铸成了抗震精神。1996年，江泽民同志为纪念唐山抗震20周年题词"弘扬公而忘私、患难与共、百折不挠、勇往直前的抗震精神，把新唐山建设得更繁荣、更美好"。这是对抗震精神的最初表述和概括。汶川大地震后，党领导全国人民取得了抗震救灾的伟大胜利，完美诠释了"万众一心、众志成城，不畏艰险、百折不挠，以人为本、尊重科学"的抗震救灾精神。这一精神不仅属于中国，具有中国气派，也属于世界，具有世界意义。那么，抗震救灾精神的本质到底是什么呢？这是一个不可回避的重大问题。对这一问题的准确回答事关重大，具有重要的理论意义和实践意义。因为只有准确把握抗震救灾精神的本质，才能在理论上清楚界定抗震救灾精神的内在规定性，并清晰说明中国抗震救灾与国外抗震救灾的差异性，避免对抗震救灾精神的误读误解，也才能在实践中纲举目张、事半功倍地做好抗震救灾工作。可见，抗震救灾精神的本质具有"构成"和"区别"的双重功能。这是我们界定抗震救灾本质的方法论规定。

我们认为，把握抗震救灾精神的本质需要把握以下几点：

第一，抗震救灾精神揭示了有效抗震救灾的普遍性规律，是对抗震救灾经验的概括与提升。从此意义上讲，抗震救灾精神的本质是中国有效抗震救灾经验的总结提升和规律揭示。

从结构上看，抗震救灾精神可概括为四个方面：社会整合、个人挑战、尊重科学、以人为本，即通过整合社会、挑战自我、尊重和利用规律（包括社会规律、个人规律和自然规律）达到保障灾区群众生存与发展的目的。抗震救灾精神的这种结构不是凭空造设的理论模型，而是根源于实践及经验。抗震救灾精神不是纯主观建构的精神，而是一种写实性的、反映性的精神，它反映并提升了中国人民有效抗震救灾的实践及其宝贵经验。

有效抗震救灾的最伟大经验就是全国人民在中国共产党的坚强有力领导下通过鲜血、生命、爱来认识和把握"四位一体"的规律：社会整合律、个人挑战律、尊重科学律、以人为本律。其中，社会整合律体现了"党和政府的坚强领导、集体主义精神的弘扬、中华互助美德的传承以及中国特色社会主义伟大成就的支撑是社会整合的政治基础、观念基础和经济基础"的经验。个人挑战律基于"坚定理想信念是个人挑战的动力（坚定理想信念才能百折不挠）、强调责任是个人挑战的保证（强化社会责任与爱岗敬业的职责要求的统一性）、实现自立自强是个人挑战的目的"等经验之上。尊重科学律体现为"对抗震救灾规律的自觉、尊重与遵循""正确认识社会整合规律、个人挑战规律和把握自然规律""现代科技成果可被广泛应用于抗震救灾"等宝贵经验。以人为本律主要体现在"以救人为第一位的任务""以灾区人民为重,发扬集体主义精神来帮扶灾区""既要满足灾区人民的生存需要,也要考虑灾区人民的发展需要"等宝贵经验。

这里需要指出的是,上述四大规律是四位一体的,也可以称之为一个规律,即"四位一体律"。把握"四位一体律"是把握抗震救灾精神的关键。抗震救灾精神特就特在"四位一体律"上,即四大规律是有机联系的整体,缺一不可。没有"个人挑战"就没有"社会整合",个人需要挑战自己的自利性,才能够做到公而忘私;没有"社会整合","个人挑战"也是杯水车薪,难以应对地震灾害的破坏性;"社会整合"和"个人挑战"也需要"尊重科学",遵循社会规律、个人生理规律和心理规律;"以人为本"是目的律,"社会整合""个人挑战""尊重科学"的最终目的是"以人为本"。当然,这里所说的人特指灾区人民。"以人为本"体现了弘扬集体主义精神和个人挑战精神的最终价值归属,即对暂时处于弱者地位的灾区人民的关爱和照顾。

"四位一体律"是抗震救灾精神的最大特色,它使抗震救灾精神成为一种"水桶效应",它也是检验一国抗震救灾实践和经验能否升华为抗震救灾精神的标尺。国外有抗震救灾实践和经验,但难以升华为抗震救灾精神,这根源于他们的抗震救灾实践难以做到和做好"四位一体"。而做到和做好"四位一体"的关键和核心是坚持党的领导和中国特色社会主义制度。只有在代表先进生产力的发展要求、先进文化的前进方向和广大人民群众根本利益的无产阶级政党的坚强领导下,只有坚持中国特色社会主义经济制度和政治制度,才能够做到和做好"四位一体"。例如,汶川灾后重建与日本"3·11"地震灾后重建遇到的最大问题是共性的,即地震原址上不适合重建,需要寻找新的建房土地在异地重建。但由于中日土地制度(日本是私有制)和地方财政制度（日本是地方财政"自治"）的不同，救灾重建就呈现两重天日。不像中国，日本灾后重建力不从心，社会整合能力不足，救灾部队和民间救灾力量不足，异地重建难以实现，也无法形成中国特色的"省市对口援建"制度。①

第二，抗震救灾精神有"中国经验"的源头活水，有"中国理论"和"中国制度"的支撑，既是民族的也是世界的，为世界各国从精神层面上应对地震灾害提供了"中国方案"，是中国精神的体现。从此意义上讲，抗震救灾精神的本质是中华民族精神和社会主义制度优越性在抗震救灾中的观念体现。

抗震救灾精神有走中国特色社会主义道路而获得的经验为直接支撑，有中国特色社会主义理论对中国经验的概括提升，有中国特色社会主义制度的强力保障，有中国特色社会主义文化的深厚底蕴，体现了中国特色社会主义的道路自信、理论自信、制度自信和文化自信。抗震救灾精神为世界各国从精神层面（价值观层面）应对地震灾害提供了"中国方案"。从哲学意义上来讲，任何特殊性的东西都可以变为普遍性的东西。特别是对于先进的新生事物来说，由于其顺应历史发展规律、具有强大生命力，从而具有普遍性价值。从民族文化与其世界价值的角度看，越具有民族特色的文化才越具有世界价值。中华民族患难与共、和衷共济的民族品格孕育着"万众一心、众志成城"的精神。中华民族自强不息、敢于胜利的民族品格孕育着"不畏艰险、百折不挠"的精神。中华民族关爱生命、崇尚理性的民族品格孕育着"以人为本、尊重科学"的精神。总之，具有中华民族精神特色的抗震救灾精神，为世界各国人民处理和应对抗震救灾问题从精神层面上提供了"中国方案"。抗震救灾精神属于"中国精神"和社会主义精神文明的范畴和成果，它丰富了人类精神文明的内容，是人类优秀精神中

---

① 王宁霞，高明，等."5·12"汶川大地震抗震救灾纪实[M]. 北京：电子工业出版社，2015：446-447.

的一块绚丽夺目的瑰宝。即使别的民族暂时没有形成或培育这种精神，但也可以通过学习和借鉴而建构起来，这一点使抗震救灾精神具有可传承、可辐射的性质，因而具有世界性和世界意义。

抗震救灾精神是具有制度保障的精神，它也是中国特色社会主义制度优越性的观念体现。中国特色社会主义政治制度、经济制度以及抗震救灾时的具体工作机制等，可以保障抗震救灾精神的现实化。在政治制度上，中国特色的政党制度是致力于"形成合力"的政党制度，共产党执掌政权，民主党派参政议政。各政党之间是同心同德、互助合作的关系。这不同于西方的相互扯皮、钩心斗角的多党制。中国的抗震救灾之所以成就斐然，最重要的原因就是中国共产党的坚强领导、统一领导和表率领导，而这依赖于中国特色政党制度的保障作用。在中国共产党的正确领导下，抗震救灾时建立的"上下贯通、军地协调、全民动员、区域协作"的工作机制，是彰显和践行抗震救灾精神的最有效的具体制度设计。这一工作机制能够确保地震后迅速组织各方救援力量赶赴灾区，紧急调集大批救灾物资运往灾区，精心部署受灾群众安置工作，及时推动灾后恢复重建；能够使各地区各部门大力发扬"全国一盘棋"思想，使全国人民始终与灾区人民心连心、同呼吸、共命运；能够保障具有世界首创性的"对口援建"制度的实现。

第三，抗震救灾精神是一种建设性的、正确处理人与自然间关系，并能引导社会和个人积极向上的正能量。从此意义上讲，抗震救灾精神的本质是面对地震时人类正确处理人、自然、社会间关系的积极建构性精神（关系性精神）。

从精神实质看，抗震救灾精神是一种面对自然破坏力量的社会建设性力量和个人建构性力量。抗震救灾精神通过人与自然的紧张关系反映人与社会、人与人的紧密关系，体现了社会主义倡导的集体主义精神。

"正确""正面""建设""建构"这些关键词诠释了抗震救灾精神

是一种具有正价值和正能量的精神。首先，抗震救灾精神正确处理了人与自然的关系，强调既要尊重客观规律，也要发挥人的主观能动性。一方面，面对自然灾害，它宣示人既是受动的、被动的，也是能动的、主动的，特别主张要发挥人的社会性和能动性来抗衡自然的破坏性与个体人的有限性；另一方面，它认为人与自然需要通过科学连接起来，人抗衡自然灾害不能凭主观愿望，而是要靠尊重和遵循规律。其次，抗震救灾精神能够引导社会形成凝聚力和向心力。蕴涵其中的作用机理在于：作为破坏人的身体、心理和社会关系的自然现象，地震是社会凝聚力形成的触媒；作为人对自然的本能反应和社会反应，抗震是社会凝聚力形成的载体；通过人与人、人与社会间的主动建构来整合社会的人力、物力和财力是社会凝聚力形成的体现和结果。当然，在社会凝聚力的形成过程中，谋求团结互助的感性宣传、群体认同和社会认同、过去同类型行为的有效性也发挥着重要作用。最后，抗震救灾精神引导个人挑战自我和自强不息。这主要体现在两个方面：对于抗震救灾者而言，为了抢救生命，与时间赛跑、与死神赛跑，抗震救灾者需要不断挑战自己的身体极限、心理极限和社会关系极限；对于幸存或受伤灾民来说，为了更好地生存和发展下去，他们需要在全社会的帮扶下通过克服各种困难来自立自强。

总的来说，抗震救灾精神正确处理了人与自然、人与人、个人与社会、人与自身、合规律性与合目的性、理想信念与行为实践等辩证统一关系。它代表了先进文化，能够指导灾区人民群众更好地维护和实现自己的根本利益。正因为抗震救灾精神具有先进性，所以它才可能在世界范围内进行传播和推广，才能够对世界各国人民的抗震救灾实践提供精神动力和有益借鉴。

第四，抗震救灾精神蕴含并有机整合了科学精神、人本精神、哲学精神和实践精神，具有普遍适用性。从此意义上讲，抗震救灾精神的本质是人类优秀精神的熔铸。

从抗震救灾精神的构成要素看，其认知要素包括顺应规律、尊重科学，体现了科学精神；情感要素包括热爱生命、关爱他人，体现了人本精神；意志要素包括顽强拼搏、挑战极限，体现了哲学精神；行为要素包括指导实践、化为行动，体现了实践精神。由此，我们可以得出两点结论：其一，抗震救灾精神看似适用面很窄、好像仅适用于抗震救灾的精神，但其实其适用面非常宽广，可以辐射渗透到人类社会生活的各个方面。抗震救灾精神的适用面具有"看似窄、实则宽"的特点。它既适用于抗震救灾时，也适用于非抗震救灾时；既适用于地震灾区，也适用于非地震灾区；既适用于这个国家，也适用于那个国家。其二，抗震救灾精神是复合精神。抗震精神是多方面精神的复合体，这就会造成一种奇妙的效果：即便这个方面的精神暂时没有适用性，但那个方面的精神却可能具有适用性；即便这个方面的精神在此地、此领域暂时没有用处，但那个方面的精神在此地、此领域却可能有用处。这就是抗震救灾精神的广泛适用性。其之所以具有如此奇特功能，根源于该精神的复合性和有机整合性。这类似于一味复方中成药可以治疗多种疾病一样。

正因为抗震救灾精神具有上述特性，因此其可在社会各领域、各组织机构进行创造性转化和创新性应用，是"可转化"和"可应用"的统一体。一方面，抗震救灾精神是强调通过感性的肉体活动来使灾区和灾区人民从物质、社会组织和精神等方面都得以改善的实践精神。这种实践品格使其必须体现和应用于组织人员、抢救伤员、清理废墟、建筑施工、平整道路、恢复生产、调拨物资、有序管理、宣传鼓动等具体实践活动中。另一方面，抗震救灾精神有机融合了互助合作与自强不息的民族精神、挑战自我的英雄主义精神、尊重生命的人本精神等人类优秀精神。正由于抗震救灾精神是"优秀精神群"和精神宝库，所以它才可以转化应用到社会生活的各个方面，并非仅仅局限于抗震救灾领域和抗震救灾时期的精神。

总之，抗震救灾精神是有效抗震救灾经验的提升，是中华民族民族精神的升华，是对地震后人、自然、社会间正确关系的揭示，是人类众多优秀精神的熔铸。如果用一个词来概括抗震救灾精神的本质的话，那就是集体主义精神。当然，这是其具有社会主义性质的精神内核，是对其本质的更高层次的揭示，但不代表抗震救灾精神的全部。团结互助是最有效的抗震救灾经验，这是集体主义的体现。爱国主义是民族精神的核心，而集体主义是爱国主义的底蕴。地震后人与社会的关系是人、自然、社会三者关系中最核心的关系，而倡导个人利益服从集体利益的集体主义是人与社会关系中最有价值的建构，也是人类众多优秀精神中最主要的价值原则。

3.2 抗震救灾精神的历史定位

3.2.1 抗震救灾精神是对中华优秀传统文化的创造性转化和创新性发展

中华文化源远流长、灿烂辉煌。在5000多年文明发展中孕育的中华优秀传统文化，积淀着中华民族最深沉的精神追求，代表着中华民族独特的精神标识，是中华民族生生不息、发展壮大的丰厚滋养。中华民族优秀传统文化包括三个层面的内涵：

第一，核心思想理念。中华民族和中国人民在修齐治平、尊时守位、知常达变、开物成务、建功立业过程中培育和形成的基本思想理念，如革故鼎新、与时俱进的思想，脚踏实地、实事求是的思想，惠民利民、安民富民的思想，道法自然、天人合一的思想等。

第二，中华传统美德。中华优秀传统文化蕴含着丰富的道德理念和规范，如天下兴亡、匹夫有责的担当意识，精忠报国、振兴中华的爱国情怀，崇德向善、见贤思齐的社会风尚，孝悌忠信、礼义廉耻的荣辱观念，体现着评判是非曲直的价值标准，潜移默化地影响着中国人的行为方式。

第三，中华人文精神。中华优秀传统文化积淀着多样、珍贵的精神财富，如求同存异、和而不同的处世方法，文以载道、以文化人的教化思想，形神兼备、情景交融的美学追求，俭约自守、中和泰和的生活理念等，是中国人民思想观念、风俗习惯、生活方式、情感样式的集中表达，滋养了独特丰富的文学艺术、科学技术、人文学术，至今仍然具有深刻影响。①

中华优秀传统文化绵延5000年，已成为中华民族的基因，植根于中国人内心，潜移默化地影响着中国人的思想方式和行为方式。"万众一心、众志成城，不畏艰险、百折不挠，以人为本，尊重科学"的抗震救灾精神即植根于源远流长的中华民族优秀传统文化及其所孕育的独特民族精神的持久涵养，同时它也是中华民族民族精神在当代中国的集中凝练和高度升华，是5000多年中华民族优秀传统文化的创造性转化和创新性发展。

"万众一心、众志成城，不畏艰险、百折不挠，以人为本，尊重科学"的抗震救灾精神的形成植根于源远流长的中华民族优秀传统文化及其所孕育的独特民族精神的持久涵养。

"万众一心、众志成城"的团结协作精神源自中华民族优秀传统文化和民族精神中团结协作、无私奉献的基因。在几千年长期发展过程中，中华民族形成了强调团结协作的集体主义的文化传统和民族品格。"人心齐、泰山移""众人拾柴火焰高""三个臭皮匠，顶个诸葛亮"等广为流传的民间俗语形象地诠释了中国人所推崇的这种集体主义价值观。因此，中国传统文化历来也推崇无私奉献的精神。无私奉献就是把国家、民族的利益放在首位，为维护国家、民族利益，个人能够让

---

① 关于实施中华优秀传统文化传承发展工程的意见[N]. 人民日报，2017-01-26（6）.

渡乃至舍弃自身利益的一种高尚品格。北宋名臣范仲淹的千古名言"先下之忧而忧,后天下之乐而乐"就典型地诠释了这一点,对后世也产生了不可估量的积极影响。这一千古名言之所以一直为后世所传诵,关键就在于它表达了中华民族所推崇的先人后己、甘于奉献、鞠躬尽瘁、死而后已的精神。

"不畏艰险,百折不挠"的顽强拼搏精神则源自中华民族优秀传统文化和民族精神中的自强不息、顽强拼搏。一部中华民族的发展史,就是一部敢于抗争、百折不挠的奋斗史。中华民族的先辈们在同艰苦自然条件作斗争、在与现实生存逆境的抗争中,逐步形成了开拓进取、坚忍不拔的拼搏精神,并逐步凝聚、沉淀为一种民族精神,内化到每一位中华儿女的血脉之中。《周易》所说的"天行健,君子以自强不息",就是对这种民族精神的形象表述。这种自强不息、顽强拼搏的精神和品质始终表现于中华民族发展的全过程,并历久弥新。司马迁曾言,"文王拘而演《周易》;仲尼厄而作《春秋》;屈原放逐,乃赋《离骚》;左丘失明,厥有《国语》;孙子膑脚,《兵法》修列……"这都鲜明地反映了中华民族愈挫愈勇、坚忍不拔的可贵精神品质。

"以人为本"同样是中华民族优秀传统文化和民族精神的特质之一。虽然中国传统的"人本主义"思想有其局限性,但不可否认的是,作为中国传统思想的重要组成部分,"以人为本"的思想早已融入中国人的血脉之中,深刻地影响着中国人的价值观念和行为方式。

正是因为中华民族优秀传统文化和民族精神中团结协作、无私奉献,自强不息、顽强拼搏和以人为本的特质已经融入中华儿女的血脉之中,故而中国人民能在抗震救灾中展现出"万众一心、众志成城""不畏艰险,百折不挠"和"以人为本"的精神状态,全国人民心心相印、血肉相连、手手相牵,共同书写抗震救灾的伟大奇迹。

"文化是一个国家、一个民族的灵魂。历史和现实都表明,一个抛弃了或者背叛了自己历史文化的民族,不仅不可能发展起来,而且很可能上演一幕幕历史悲剧。"① 而事实证明，中华民族优秀传统文化有强大的生命力，中国人民也是善于继承中华民族优秀传统文化，"万众一心、众志成城，不畏艰险、百折不挠，以人为本，尊重科学"的抗震救灾精神的形成首先植根于中华民族优秀传统文化的持久涵养。

"万众一心、众志成城，不畏艰险、百折不挠，以人为本，尊重科学"的抗震救灾精神不仅仅是对中华民族优秀传统文化的简单继承和弘扬，更是5000多年中华民族优秀传统文化在当代中国的集中凝练和高度升华，是中华民族优秀传统文化在当代中国的创造性转化和创新性发展。

习近平指出："中华传统美德是中华文化精髓，蕴含着丰富的思想道德资源。不忘本来才能开辟未来，善于继承才能更好创新。对历史文化特别是先人传承下来的价值理念和道德规范，要坚持古为今用、推陈出新，有鉴别地加以对待，有扬弃地予以继承，努力用中华民族创造的一切精神财富来以文化人、以文育人。"②

中国人民不仅善于继承和弘扬中华民族优秀传统文化，而且勇于在新的时代背景下对中华民族优秀传统文化进行创造性转化和发展。"万众一心、众志成城，不畏艰险、百折不挠，以人为本，尊重科学"的抗震救灾精神就是中国人民在继承中华民族优秀传统文化的基础上，并将其在当代中国进行创造性转化和创新性发展的结果。

中华民族优秀传统文化的创造性转化与创新性发展，既是中华传统文化数千年传承延续内在规律的现代彰显，更是当代中国语境下民族复兴伟业对中华传统文化释放能量、发挥作用的客观要求与现实需要。从哲学上来说，所谓创造性转化，是指中华传统文化的现代转型，包括理念、内容、表达和形式等各个层面。其内涵要求主要有：一是以"现实"为尺度，按照当今时代要求、现实社会标准、当代中国人

---

① 习近平. 在中国文联十大、中国作协九大开幕式上的讲话[N]. 人民日报, 2016-12-01（2）.

② 习近平. 习近平谈治国理政[M]. 北京：外文出版社，2014：164.

思维进行转化；二是以服务于现实为旨归，力求与现代社会接轨、与民众需求吻合，达到为今天所用、为现实所用；三是以创造性为特征，即不是简单搬运移植过来，而必须具有新生新造之韵，体现为新蕴含、新样式。所谓创新性发展，是指中华传统文化的提升超越，重在阐发立足现实并解决当今时代问题的创新内容。其内涵要求主要有：一是从传统文化思想基地出发，充分尊重而不是背离传统文化思维主线和思维特征；二是以回答解决现实问题为旨归，紧扣时代需求与民众意愿去创新发展；三是从传统文化中汲取思想养料，在现实条件下致力于文化提升和思想超越。①

"万众一心、众志成城，不畏艰险、百折不挠，以人为本，尊重科学"的抗震救灾精神虽然在理念上继承了中华民族优秀传统文化的部分内涵，但在新的时代背景下和抗震救灾的特殊条件下，在理念上、内容上、表达上、形式上等各层面却有崭新的表现形式和方式。而且，"万众一心、众志成城，不畏艰险、百折不挠，以人为本，尊重科学"的抗震救灾精神的形成和彰显，实现了对中华民族优秀传统文化的提升和超越，是中华民族优秀传统文化在当代中国的集中凝练和高度升华。抗震救灾精神充分体现了中国人民对中华民族优秀传统文化中优秀思想品质、高尚价值取向、崇高道德规范的高度自觉和积极践行，充分展示了中华民族优秀传统文化的深厚底蕴和强大生命力及其强大感召力。

3.2.2 抗震救灾精神继承和弘扬了革命文化

"在5000多年文明发展中孕育的中华优秀传统文化，在党和人民伟大斗争中孕育的革命文化和社会主义先进文化，积淀着中华民族最深层的精神追求，代表着中华民族独特的精神标识。"② 习近平总书记

---

① 商志晓. 中华传统文化创造性转化创新性发展的哲学审思[N]. 光明日报，2017-01-09（15）.
② 习近平. 在庆祝中国共产党成立95周年大会上的讲话[N]. 人民日报，2016-07-02（2）.

在"七一"讲话中的这一重要论述,指明了中华优秀传统文化、革命文化和社会主义先进文化共同构成了中华民族独特的精神标识。

革命文化是中国共产党和中国人民在长期的革命斗争实践中形成的精神追求、精神品格、精神力量,是凝聚着共产党人和革命群众独特思想和精神风貌的文化。革命文化蕴含着丰富的革命精神和厚重的历史文化内涵,它植根于中华优秀传统文化,同样构成了中华民族最为独特的精神标识。

回顾中国共产党的历史,中国共产党在革命斗争年代所形成的以"红船精神""井冈山精神""长征精神""延安精神""西柏坡精神"等为代表的革命文化,正是中华优秀传统文化与中国共产党革命斗争实践相结合的时代产物。在 2016 年纪念红军长征胜利 80 周年大会上,习近平总书记指出:"伟大长征精神,是中国共产党人及其领导的人民军队革命风范的生动反映,是中华民族自强不息的民族品格的集中展示,是以爱国主义为核心的民族精神的最高体现。"[①] 其他革命精神与文化,与长征精神一样,都是对中华优秀传统文化的传承与升华,它们一起汇聚成中国共产党与中国人民的优良精神传统。

中国共产党在继承中华民族优秀传统文化的基础上,在领导各族人民进行革命、建设和改革的历史实践中,创造了鲜明独特、奋发向上的革命文化。其主要内涵包括:马克思主义的科学的革命理论;社会主义、共产主义的崇高理想信念;不怕牺牲、英勇战斗的革命精神;全心全意为人民服务的革命伦理道德,等等。这种革命文化是中华民族优秀文化传统的凝聚升华,是中国共产党和中国人民伟大创造精神的生动体现。[②]

1980 年 12 月 25 日,邓小平在中共中央工作会议上指出:"在长期

---

① 习近平. 在纪念红军长征胜利 80 周年大会上的讲话[N]. 人民日报,2016-10-22(2).
② 林小波. 坚定"四个自信"六讲[M]. 北京:人民出版社,2016:104.

革命战争中,我们在正确的政治方向指导下,从分析实际情况出发,发扬革命和拼命精神,严守纪律和自我牺牲精神,大公无私和先人后己精神,压倒一切敌人、压倒一切困难的精神,坚持革命乐观主义、排除万难去争取胜利的精神,取得了伟大的胜利。搞社会主义建设,实现四个现代化,同样要在党中央的正确领导下,大大发扬这些精神。"[①] 邓小平所概括的这些革命精神,是对中华民族优良传统的弘扬和升华,也是对革命文化基本内涵的高度凝练和准确阐释。

"万众一心、众志成城,不畏艰险、百折不挠"是革命文化最基本和最鲜明的内涵。革命文化继承了中华优秀传统文化的基因。在中华传统优秀文化的厚重积淀中,有"自强不息"的奋斗精神,"精忠报国"的爱国情怀,"天下兴亡,匹夫有责"的担当意识,"舍生取义"的牺牲精神,"革故鼎新"的创新精神,"国而忘家,公而忘私"的奉献精神等。这些中华优秀传统文化基因渗透进中国共产党人的血液、形成了共产党人诸如"红船精神""井冈山精神""苏区精神""长征精神""延安精神""西柏坡精神"等富有时代特征、民族特色的革命文化精神。中国人民在革命年代形成的"红船精神""井冈山精神""长征精神""延安精神""红岩精神""西柏坡精神"等都传承和升华了中华优秀传统文化中"万众一心、众志成城,不畏艰险、百折不挠"的精神内核,成为中国文化自信的优质基因。

"以人为本"也是革命文化最突出的内涵之一。革命文化的核心是大众文化,它崇尚底层文化、整体精神,坚持为人民服务,联系群众的新理念和新作风,展示与传统文化截然不同的一面。在中国漫长的传统社会中,君主专制始终占据主导地位。尽管出现过孟子"民贵君轻"的思想,但仅如黑暗中的微弱火光,实际上广大人民群众处于被压迫、被践踏的无权地位。在近代以来的革命斗争中,中国人民的革

---

① 邓小平文选(第二卷)[M]. 北京: 人民出版社, 1994: 367-368.

命热情和革命勇气得到前所未有的迸发,人们为了实现自己的权利与梦想,展现了巨大的斗争精神和崇高的革命勇气。中国共产党人更是集中代表一种全新的革命理念,重视群众,服务群众,成为新的文化发展方向,为最广大的人民群众服务,成为新的时代精神与文化理念。革命军队的"三大纪律、八项注意",土地改革中的分田分地,展示了一种新的平均理念和公正思想。新民主主义革命实践中,中国共产党代表人民群众的基本利益,人民群众支持中国共产党的英勇斗争,中国共产党与群众之间实现了真正的鱼水之情。

可以说,在亿万中国人民共同参与的抗震救灾斗争中形成的"万众一心、众志成城,不畏艰险、百折不挠,以人为本,尊重科学"的抗震救灾精神,继承和弘扬了中国共产党领导中国人民在伟大斗争中形成的革命文化的精神内核,其本身亦已构成革命文化的重要组成部分。

3.2.3 抗震救灾精神丰富了社会主义先进文化的内涵

先进文化,就是符合人类社会发展方向、体现社会生产力发展要求、代表社会成员最根本利益、反映时代发展潮流的文化。在当代中国,社会主义先进文化是指以马克思主义为指导,以培养有理想、有道德、有文化、有纪律的"四有"公民为目标的面向现代化、面向世界、面向未来的,民族的科学的大众的社会主义文化。① 社会主义先进文化继承和发扬了中华民族优秀传统文化、革命文化,形成和发展于中国共产党团结带领全国各族人民进行革命、建设和改革的伟大实践中,是具有中国风格和中国气派的文化,代表时代进步潮流和历史发展要求,在多样化的文化观念和社会思潮中居于主导地位,为改革开放和社会主义现代化建设提供了强大精神动力。

---

① 林小波. 坚定"四个自信"六讲[M]. 北京:人民出版社,2016:107.

社会主义先进文化是社会主义社会的精神支柱,是我国各族人民团结奋斗的共同思想基础。作为一种价值理念,它塑造人们的思维方式和行为规范,在全社会形成共同的道德基础;作为一种理想信念,它指明人们为之奋斗的理想和目标;作为一种精神纽带,它统一人们思想、维系民族团结、维护国家稳定。

"万众一心、众志成城"的团结精神和集体主义精神是在社会主义建设和改革的过程形成的社会主义先进文化的核心内涵。中华人民共和国成立后,中国面临着以美国为首的西方资本主义国家的经济封锁、政治孤立和军事威胁,如何在"一穷二白"的基础上建设一个繁荣富强的新中国,成为摆在中国共产党面前的难题。在中国共产党的正确领导下,全国人民经过三年努力,到1952年国民经济得到了初步恢复和发展。此后,中国共产党又领导全国人民进行社会主义改造,在中国确立了社会主义的基本制度,为中国此后的发展进步奠定了根本政治前提和制度基础。在此后探索建设社会主义道路的过程中,虽然出现了"大跃进""人民公社化运动"等严重错误,但在中国共产党不断纠正错误以及全国人民的共同努力下,中国在经济建设、社会发展等方面取得了举世瞩目的成就,并在1978年之后进行了改革开放,开启了改革开放和现代化建设新时期,从而为实现中华民族伟大复兴开辟了光明前景。在60多年来的社会主义建设和改革的进程中,中国共产党和中国人民就是凭着这种"万众一心、众志成城"的团结精神和集体主义精神,战胜了一个又一个困难,渡过了一个又一个难关,取得了辉煌成就。

"不畏艰险、百折不挠"的顽强拼搏精神也是社会主义先进文化的精神内核。中华人民共和国成立后,中国共产党带领中国人民在"一穷二白"的基础上,凭着"不畏艰险,百折不挠"的精神,到改革开放前,经过二十多年的努力,把一个经济文化落后的中国发展成为一个摆脱经济文化落后局面、初步实现工业化的国家。在此过程中,中国共产党和中国人民遭遇了各种严峻挑战,但他们没有被压垮,而是以惊人的毅力和坚韧，一次次战胜各种天灾人祸，一次次浴火重生。例如，在1959—1961年的三年困难时期，中国人民发扬艰苦奋斗的精神，几年之内就把困难基本给解决了。1976年7月，中国人民又遭遇了史无前例的大地震——唐山大地震，这次地震给当时的中国人民带来了巨大灾难。在灾难面前，中国人民并未被吓到，而是擦干眼泪，撸起袖子，投入到紧张而繁重的抗震救灾中去。最终通过共同努力，在地震后的唐山废墟上，建设了一个更加美好的新唐山。而在改革开放以来，中国人民又以"不畏艰险、百折不挠"的精神，先后战胜了1998年特大洪水灾害，战胜了2003年来势汹汹的"非典"危机，战胜了2008年年初的南方雨雪冰冻灾害，消灭了一个又一个横亘在实现中华民族伟大复兴征程中的障碍。这些灾难不仅没有摧垮中国人民，反而使其"不畏艰险、百折不挠"的精神不断得到锤炼。"大庆精神""两弹一星精神""抗洪精神""抗击非典精神"等，都是中国人民在60多年来进行社会主义建设和改革的过程中，继承和弘扬中华民族"不畏艰险、百折不挠"精神的产物。

"万众一心、众志成城，不畏艰险、百折不挠，以人为本，尊重科学"的抗震救灾精神继承和弘扬了社会主义先进文化的上述精神内核。与此同时，抗震救灾精神还在新的时代背景下进一步丰富和拓展了中国社会主义先进文化的内涵。

"以人为本"是中国共产党的执政理念，是科学发展观的核心，是构建和谐社会的基本价值取向，是社会主义的核心价值，也是抗震救灾的基本理念。在抗震救灾中处处体现了以人为本，人民至上。具体表现为：

其一，把抢救人的生命放在第一位。地震发生后，胡锦涛同志立即作出重要指示，要求尽快抢救伤员，确保灾区人民群众生命安全。温家宝同志对抗震救灾指挥部的官员强调"人民的生命财产高于一切"，他对救援的武警战士和消防官兵说："抢救人的生命，是我们这次救灾工作的重中之重，对于被困人员，只要有一线生还的希望，我们就要用百倍的努力。"在地震发生后，所有人都有一个共同的念头："灾情就是命令，时间就是生命""只要有百分之一的希望就要尽百分之百的努力""救人是第一位的，一分一秒都不能耽搁"。所有这些都体现了尊重人的生命权、生存权是抗震救灾的最高宗旨，生命至上，人的生命高于一切，是党、政府和老百姓的共同价值观。

其二，设立国家哀悼日。2008年5月19日至21日，全国和各驻外机构下半旗致哀，停止公共娱乐活动，外交部和我国驻外使领馆设立吊唁簿。5月19日14时28分起，全国默哀3分钟，汽车、火车、舰船鸣笛，防空警报鸣响。山河齐哀，举国同悲。这是对逝者的哀悼，也是对生者的祝福。中华人民共和国国旗第一次为普通公民而降，以国家的名义给予死者最高的尊严。

其三，在灾后安置过程中，强调以人为本，确保大灾无大疫，切实做好灾区卫生防疫、消毒、饮水和食品安全；确保灾区群众有饭吃，有干净水喝，有住处，有病能就医。

其四，在抗震救灾中重视心理救助、心理疏导与人文关怀，形成了以心理咨询专业人员为主体、广大志愿者共同参与的心理救助队伍，把物质家园的重建与精神家园的重建结合起来。

"尊重科学"，是伟大抗震救灾精神的又一个显著特点和新亮点，具体体现在：

一是决策的时机性。地震发生后，胡锦涛同志立即作出批示，当晚即召开政治局常委会，作出全面部署。震后几个小时，温家宝同志就出现在灾区第一线，直接指挥抗震救灾。

二是统筹的科学性。抗震救灾需要统筹兼顾，需要各个方面的配合协调，这包括中央与地方，包括解放军、武警、公安、消防，包括卫生、医疗以及志愿者等方方面面，既要统一指挥，精心部署，又要同心协力，互相协作。

三是信息的公开性。政府在第一时间公布灾情，灾情发布及时、公开、透明，得到了海外舆论的广泛好评。

四是救灾手段的科学性。诸如航空遥感飞机、搜救犬、生命探测仪、"北斗一号"卫星导航定位系统终端设备、跟踪式太阳能卫星电视等现代科技成果得到运用；微粒子医疗技术、直升机等现代化的军事运输技术和现代高技术产品在抗震救灾中发挥了重要作用。

五是专家工作的重要性。地震发生后，国务院在第一时间成立涉及地震、卫生、防疫、水利、地质等多学科的专家委员会，作为决策咨询机构，发挥了重要作用。比如，水利专家做了唐家山堰塞湖 1/3、1/2 和全部溃坝三种预案，以确保人民群众的生命财产安全。

六是法制的规范性。2008 年，6 月 4 日国务院常务会议审议并原则通过《汶川地震灾后恢复重建条例》，把恢复重建纳入法制轨道。6 月 8 日此条例公布实施。7 月 1 日又公布了《国务院关于支持汶川地震灾后恢复重建政策措施的意见》，使抗震救灾工作进一步规范化。

这种以人为本、尊重科学的伟大抗震救灾精神为中华民族精神赋予了新的时代特色，在新的时代背景下进一步丰富和拓展了中国社会主义先进文化的内涵。

由此可见，中国共产党领导亿万中国人民共同铸就的"万众一心、众志成城、不畏艰险、百折不挠、以人为本，尊重科学"抗震救灾精神，与社会主义先进文化的精神内核一脉相承，继承和弘扬了社会主义先进文化；抗震救灾精神也丰富和拓展了社会主义先进文化的内涵，其本身亦已构成社会主义先进文化的重要组成部分，展示了社会主义先进文化的蓬勃生机和活力。

4 抗震救灾精神的根源

根源问题是抗震救灾精神研究领域最深刻的理论问题。本章分别从理论自信、道路自信、制度自信和文化自信的角度阐释了抗震救灾精神的根源。

4.1 道路自信视域中的抗震救灾精神溯源

汶川特大地震爆发之后，面对这场突如其来的巨大灾害，中国人民在党和政府的领导组织下，在生死大营救中，创造了一个又一个人间奇迹，夺取了抗震救灾的胜利，并且在灾后的恢复与重建中取得决定性的胜利，赢得了海内外一片赞誉。马克思认为："人们自己创造自己的历史，但是他们并不是随心所欲地创造，并不是在他们自己选定的条件下创造，而是在直接碰到的、既定的、从过去继承下来的条件下创造。"[①] 中国人民在抗震救灾和灾后重建中取得的一个又一个壮举，自然不是随心所欲而取得的，它是中国人民在党和政府的坚强英明领导下，同舟共济，奋勇拼搏，同灾害进行不屈不挠地卓绝斗争，才赢得的胜利。更重要的是，这场伟大的胜利，离不开现有的社会政治条件与经济基础，尤其是改革开放以来，包括经济、政治、军事、科技、文化和教育在内的综合国力显著提高作为条件与后盾，是我们在坚持和发展中国特色社会主义道路的实践探索中，并在毫不动摇地

---
① 马克思恩格斯文集（第二卷）[M]. 北京：人民出版社，2009：470-471.

坚持走这条道路中创造和积累的一系列物质成果和精神财富的前提下，夺取的伟大胜利。事实上，自汶川特大地震以来，中国人民在抗击地震和灾后重建中取得的巨大成就，从根本上讲，都是我们坚持走中国特色社会主义道路的必然结果。

4.1.1 坚持四项基本原则为铸就抗震救灾精神提供了正确的政治保障

坚持四项基本原则，具体包括坚持社会主义道路、坚持人民民主专政、坚持中国共产党的领导、坚持马克思列宁主义毛泽东思想，这四个方面共同组成四项基本原则的基本内容，成为中国共产党在社会主义初级阶段基本路线的重要内容之一，标识着中国特色社会主义的鲜明内涵。四项基本原则是我们党管党治党和进行治国理政的总的政治原则，指明了党和国家的性质，规定了国家的发展道路、前进方向和组织领导，为国家的长治久安提供了政治保障。它不仅有效地保障了改革开放的顺利推进，而且也成为检验、审视我们党和政府领导水平、执政能力的重要标尺，成为中国人民在坚持和发展中国特色社会主义道路中，应对各种风险和困难，不断取得一个又一个胜利的总保障。

2008年汶川特大地震爆发之后，中国共产党迅速动员和组织国内外一切力量，同舟共济，英勇斗争，夺取了抗震救灾的胜利，并且经过三年的恢复与重建，使灾区人民的生产、生活等各个方面迈上新的台阶。此次抗击地震灾害的斗争，不仅考验了我们党和国家的领导能力和执政水平，而且检验了我们改革开放三十多年经济社会发展等各项事业的成就。事实上，我们党和国家以及人民经受住了此次考验，而且在灾后的恢复和重建中，还向灾区和全国人民交出一份满意的答卷。灾后恢复和重建的任务三年提前完成，取得的成就让灾区人民欣然，令世界为之惊叹！更重要的是，事实上，自汶川地震之后，党和政府在先后经历的玉树地震、芦山地震和鲁甸地震等重大自然灾害的考验中，都取得了巨大胜利，实现了灾后快速恢复和发展。2008年以来，中国政府和人民在面对、抗击历次地震灾害中经受住考验和取得的显著成就，从根本上讲，是我们改革开放三十年多年来，毫不动摇地坚持和发展中国特色社会主义道路的必然结果，是坚持以马克思列宁主义毛泽东思想为指导治党治国的必然结果，是发挥党的领导核心作用的必然结果，是保证、支持人民当家作主的国家性质和政治建设方向的必然结果；改革开放以来中国历次抗震救灾取得的胜利，本质上是马克思主义的胜利，是社会主义的胜利，是中国共产党的胜利，是中国人民的胜利。甚至可以说，改革开放以来，中国人民在抗击包括地震、泥石流、洪涝等自然灾害和风险中取得的一切胜利和成功，归根结底都是我们党和国家坚持四项基本原则的必然结果。

胡锦涛同志在2008年全国抗震救灾总结表彰大会上发表讲话中鲜明地指出，抗震救灾斗争的重大胜利，展现了全心全意为人民服务的中国共产党和中国社会主义国家政权的伟大力量，展现了13亿中国人民的伟大力量，展现了中国特色社会主义的伟大力量。抗震救灾的胜利和灾后的迅速恢复与重建，正是得益于有力地发挥了中国共产党和中国社会主义国家政权的力量，充分发挥了中国特色社会主义和中国人民的伟大力量。这些力量充分展示了社会主义制度的优越性性，彰显了马列主义毛泽东思想的科学性价值，体现了中国共产党的强大政治领导力、思想引领力、群众组织力、社会号召力。这些力量的形成与汇聚，及其有力地发挥作用，根本在于党的十一届三中全会以来，我们根据国际国内形势的变化发展，勇于解放思想，实事求是，高举马列主义和毛泽东思想旗帜，坚定不移地走适合自身的道路，立足于广大人民群众的幸福生活和国家的繁荣富强,坚持以经济建设为中心，大力解放和发展社会生产力，发展社会主义民主政治，支持和保证人民当家作主，激发人民群众的积极性，全面推进经济建设、政治建设、文化建设、社会建设以及其他各方面建设,从而开辟了中国特色社会主义道路,形成了中国特色社会主义理论体系,确立了中国特色社会主义制度。这是我们改革开放以来取得一切成绩和进步的根本原因,从根本上讲,这是我们坚持四项基本原则的必然结果。

胡锦涛同志指出:"抗震救灾斗争能够迅速取得重大阶段性胜利有多方面的原因,其中最重要的一个原因就是党的坚强领导,各级党组织和广大共产党员发挥了中流砥柱作用。"[①]十九大修订的最新党章鲜明地指出,中国共产党的领导是中国特色社会主义最本质的特征,是中国特色社会主义制度的最大优势。曾经预言"共产主义在20世纪兴起又在20世纪终结"的日裔美籍学者弗朗西斯·福山,后来他在著述中对我国如此评价道:"与其他权威政府比,中国的机制化程度相当高。中国共产党已经发展成一个高度适应性强、独立自主和上下一致的组织,能够在偌大的一个国家动员所有成员——中国体制更少受到个人因素影响,更为现代。"[②]正是"在长期革命、建设、改革的实践中,党形成了独特的理论优势、政治优势、组织优势、制度优势和密切联系群众的优势,使我们的党具有了其他任何政治力量都无法比拟的领导力和组织力,为党带领人民走中国道路提高了可靠保证。"[③]也正是我们坚持走中国特色的社会主义道路,建设中国特色社会主义民主政治,建立起党与政府、人民和社会之间科学、规范、协调、高效的权力运行机制,广大党员和干部的模范先锋作用得以发挥,人民群众的积极性、创造性的活力得到充分释放,党和国家的大政方针与政策得到高效的执行,从而在危险关头,党和政府能够发挥强有力的领导力和组织号召力,国内一切力量和资源得到充分调动,从而高效快捷地应对地震灾害等各种风险和挑战。

---

① 胡锦涛. 在抗震救灾先进基层党组织和优秀共产党员代表座谈会上的讲话[N]. 人民日报,2008-07-01(2).
② 章传家,马占魁,等. 中国自信[M]. 北京:人民出版社,2016:66.
③ 虞云耀. 中国道路与中国共产党[J]. 求是,2014(1).

4.1.2 改革发展取得的巨大成就为孕育抗震救灾精神奠定了坚强的物质技术基础

经历了三十年的改革与发展，我国经济和社会得到持续快速的发展，国家经济实力、科技实力、国防实力、综合国力显著增强，为我们应对和战胜自然灾害提供了坚强的物质保障。面对突如其来的地震灾害，各方救援力量带着各种救灾设备和物资源源不断涌向灾区，全国各级党政机关、企事业单位，各种民间团体和社会组织，社会各界爱心人士，踊跃向灾区捐赠救灾物资和资金。各行业各条战线有组织的救灾队伍和专业化的救灾设备，来自政府和民间的充足救灾物资供应和及时发放，来自全国各地的大量救灾捐款，为战胜地震灾害和实现灾后的迅速重建提供了坚强的物质保障和技术支撑。汶川地震灾后第9天，中央国务院做出决策，计划安排700亿元作为灾后恢复重建基金用于当年，且后续两年将继续安排。汶川特大地震发生第20天，各级政府共投入抗震救灾资金226.09亿元，其中中央财政投入182.98亿元；全国共接收国内外社会各界捐赠款物总计415.38亿元①。2010年青海玉树地震发生后，第二天中午通往灾区的公路被抢通恢复通车，第四天玉树州结古镇体育场场内第一批活动板房搭建完毕，第五天第一所抗震希望学校在结古镇落成。从4月14日地震发生到19日11时，来自14家航空公司的几十架飞机投入抗震救灾行动，玉树、西宁、格尔木三座机场起降累计400余架次，运送各类文员13 100人次，运送救灾物资997吨。32年前唐山大地震时，我国的外汇储备不到10亿美元。

汶川地震灾害3年多来，四川142个受灾县用于恢复重建和发展重建的资金达到1.7万亿元。②改革开放以来，党和国家抗击地震灾

---

① 杨先农，赵小波.新中国抗震救灾发展简史[M].成都：四川人民出版社，2011: 220-221.
② 中国宣布汶川地震灾后重建完成投入1.7万亿元[EB/OL]. http://www.chinanews.com/ gn/2012/02-24/3697091.shtml.

害的投入和灾后重建的速度和效果，与1976年唐山大地震相比，无论是党和国家投入的资金和物资，还是救灾和重建中所依赖的工具和科学技术，乃至社会各界和群众参与救灾的程度和力量，包括灾后的恢复和重建的规模、质量都发生了根本性的变化。这一切都是我们坚持以经济建设为中心，坚持走中国特色社会主义道理的必然结果。

"坚持改革开放，是我们的强国之路。"改革和发展是坚持中国特色社会主义道路的内在要求。党的十一届三中全会以来，我们依然坚定地扛起社会主义的大旗，将党的工作重点转向经济建设，作出改革开放的伟大决策，从而开辟了中国特色社会主义道路，提出建设中国特色社会主义的总体目标。中国特色社会主义道路既是改革之路，也是科学发展之路。正是在毫不动摇地坚持和发展中国特色社会道路的前提下，立足我国基本国情，以经济建设为中心，坚持四项基本原则，不断解放和发展生产力，努力建设社会主义市场经济、民主政治、先进文化、和谐社会、生态文明，以追求和实现人的全面发展为价值取向，以建设富强民主文明和谐的社会主义现代化为目标，从而在近三十年的改革发展中，取得巨大成就，使中国社会实现了伟大转型，从一个农业社会转变为一个工业社会，从一个贫穷的国家转变为一个富裕的国家，从一个封闭的社会转向一个开放的社会。

2007年我国的GDP为246 619亿元，是1978年的15倍，改革开放以来，我国GDP年均增速达9.8%。[①] 经济社会的快速发展和经济总量的不断突破，得益于改革开放以来，我们建立和完善了社会主义市场经济体制，改变了单一的公有制经济结构，鼓励多种经济成分的共同发展，从而繁荣了市场，激发了各种生产要素的积极性。不仅如此，在政治领域，改变了党、国家和社会三位体的权力格局和党的"一元化"领导局面，党政职能分开，转变政府职能，完善中央与地方的

---

① 改革开放以来我国GDP年均增速达9.8%[EB/OL]. http://news.xinhuanet.com/newscenter/2008-10/31/content_10287560.htm.

关系，扩大地方的自主权，发挥选举民主和协商民主的优势，扩大基层民主；在社会管理方面，实现了由政社高度合一的管理模式向政社分工合作的治理模式转变，由一元化的管理模式向多元化的治理模式转变，由行政强制型管理模式向公共服务型治理模式转变，从而培育和发展社会组织和各类团体，释放了社会活力。

4.1.3 坚持中国特色的开放和平之路为涵育抗震救灾精神提供有利的国际环境

中国特色社会主义道路，是一条开放发展的道路，也是一条理性和平之路。开放性是中国特色社会主义道路的重要特征。坚持走这条道路，是实现中华民族伟大复兴的制胜法宝，从一开始就完全拒绝自我封闭，以开放包容的博大胸怀去对待一切积极的东西，自觉通过"海纳百川"来升华境界、增强优势。坚持走中国特色社会主义道路，既要避免走改旗易帜的邪路，又要避免走封闭僵化的老路。历史已经证明，关起门来搞建设，不善于学习、利用他国的经验和借鉴利用人类的文明成果，必将落后于时代和世界形势，最终在国际舞台上被边缘化甚至处于被动挨打地位。因此，在面对经济全球化、政治多极化的国际形势，世界国家之间、地区之间的交往、交流日益加深的背景下，保持一种开放的心态，充分吸收和借鉴他国的优势和长处，善于吸纳人类先进文明成果，是我们坚持走中国特色社会主义道路的必然选择。为此，需要我们把用好国际资源与发挥自身优势统一起来，把共享文明成果与共同应对挑战统一起来，需要处理和发挥好独立自主与有效利用国际外援的辩证关系，为中国特色道路赋予时代特色与内涵。在应对汶川特大地震的救援中，我们不仅主动利用了国际救援力量，而且对外国媒体开放，及时公开发布救灾相关信息。这是我们三十年来在经济、政治、文化等领域实施对外开放的伟大战略，主动融入国际社会，充分借鉴和吸收人类文明成果，寻求如何更好坚持和发展中国特色社会主义道路努力的必然结果。

汶川大地震后，中央及地方政府及时向国内外发布准确的灾情信息，外交部也主动呼吁国际社会向地震灾区提供援助。地震发生后，先后共有160个国家和30余个国际组织向中方表示慰问，国际社会援助源源不断。世界各国不仅向中国政府和人民对地震灾害表示深切关怀和慰问，而且提供大量的救援物资和一些先进的救援设备及其操作技术，向中国政府提供资金援助，尤其是接纳了国际救援力量直接进入灾区的救援，成为我国历史上第一次国际救援参与救灾的行动在震灾最前线开展。自地震爆发后，先后接纳了日本、俄罗斯、韩国、新加坡、意大利、德国、英国、法国、古巴9个国家和我国港澳台地区的11支救援队285名医务人员，在四川成都、德阳、绵阳、广元等重灾区开展人道主义救援工作。①地震发生后，截止到6月5日14时，中国海关累计快速验放616批次抗震救灾物资和救援人员。其中，境外援助救灾物资及搜救人员、医疗人员414批。②

不仅如此，中国政府对灾区信息保持公开、开放的态度，除了主动发布权威信息之外，对外国记者赴灾区采访报道也保持开放、欢迎的态度。事实上，中国政府对海内外媒体采访灾区未做出任何限制。据中国有关抗震救灾机构统计，截止到5月22日，来自114家境外媒体的550位记者到四川等地的地震灾区采访，其中326位记者为外国人。③通过境内外媒体记者客观、充分的报道，使国际社会及时了解汶川地震灾情以及中国政府、中国人民为救灾所做的不懈努力，不仅有助于更加快捷向海外传递中国灾情信息，而且有助于增进国外对中

---

① 黄宏. 抗震救灾精神[M]. 北京：人民出版社，2008：42.
② 杨先农，赵小波. 新中国抗震救灾发展简史[M]. 成都：四川人民出版社，2011：219.
③ 中国地震灾区已有550位境外媒体记者从事采访[EB/OL]. http://news.qq.com/a/ 20080522/004612.htm.

国政府和人民的了解，从而减少误解和偏见。

中国政府在灾害救援中，采取的开放、透明的救援方式，无论是对境外媒体的开放，还是首次接纳和允许外国救援队直接进入灾区，以及接受外国政府和国际组织的救援物资和捐款，不仅有助于实现灾害救援效果的最大化，而且通过外国媒体的客观报道，增强了外国对中国的了解与互信，提升了中国政府的国际形象。更为重要的是，这种充分发挥本国政府和人民高效自主救灾的途径与主动争取外援和积极接纳国际援助的开放救援方式，与海地地震发生后，政府几乎完全没有能力开展救灾工作，只能完全依靠国际社会支持的低效应对状况形成了鲜明反差，也与唐山大地震时谢绝国际社会救灾援助的对外思想形成鲜明对比。总之，改革开放之路，不仅展现了我们作为社会主义大国有能力集中力量办大（难）事的优越性，而且彰显了我们党和政府与国际社会一道应对人类特大自然灾害的理性治国之道与和平开放的自信心态。

如今，我们正满怀信心、大阔步地行进在中国特色社会主义道路上，在决胜全面小康社会和实现"两个一百年"奋斗目标的伟大新征程中，还会遇到各种风险与挑战，唯有继承和弘扬包括抗震救灾精神在内的时代精神，进一步坚定道路自信、理论自信、制度自信、文化自信，才能使这条人间正义之道越走越宽广。

4.2 理论自信视域中的抗震救灾精神溯源

精神有理论作先导，才能成为屹立不倒的旗帜和永续不竭的力量之源。抗震救灾精神的形成与发展始终贯穿着马克思主义的立场、观点和方法，鲜明地体现了中国特色社会主义理论的科学性、实践性和人民性。中国特色社会主义理论体系与马克思列宁主义、毛泽东思想一脉相承，是当代中国的马克思主义，是中国社会主义改革开放和现代化建设实践的经验总结和理论提升，体现了深切的人民立场、人民情怀。中国共产党领导中国人民进行抗震救灾、灾后重建和可持续发展的实践之所以展现出令世界惊叹的中国力量和中国智慧，在很大程度上源于马克思主义，尤其是中国特色社会主义理论指导。

4.2.1　中国共产党的领导是抗震救灾精神形成的前提保证

2017年7月26日，习近平总书记在省部级主要领导干部专题研究讨班开班式上的重要讲话中强调："我们党是高度重视理论建设和理论指导的党，强调理论必须同实践相统一。我们坚持和发展中国特色社会主义，必须高度重视理论的作用，增强理论自信和战略定力。"[①] 马克思、恩格斯和列宁三位革命导师在革命实践中创立了无产阶级执政党理论，马克思、恩格斯明确指出，共产党人是"最坚决、始终起推动作用"的先进群体。中国共产党在近百年的实践探索中不断创新和发展马克思主义执政党的领导理论，不断提高党的领导能力和执政能力，增强党的先进性。坚持党的领导是马克思主义的内在要求，是中国特色社会主义的最大政治优势。抗震救灾斗争的胜利再一次证明，中国共产党是中国特色社会主义事业的坚强领导核心，中国共产党的坚强领导，为党的理论创新提供了组织保障，为我们推进理论创新和坚持理论自信，提供了重要的前提条件。

1. 党的领导激发着同心同德的精神意志

邓小平曾指出，在中国这样的大国，要把几亿人的思想和力量统一起来，"没有一个具有高度觉悟性、纪律性和自我牺牲精神的党员组成的能够真正代表和团结人民群众的党，没有这样一个党的统一领导，是

---

① 习近平. 习近平谈治国理政[M]. 北京：外文出版社，2014：62.

不可设想的,那就只会四分五裂,一事无成。"① 党的坚强领导引领了万众一心、众志成城、同心同德等抗震救灾精神内涵,是危难时刻,全国人民同舟共济、共克时艰的根本保证。其一,坚持马克思主义的科学世界观和历史观,尊重人民的主体地位。汶川地震后,党和政府迅速决策、紧急动员、科学救援,政治领导人率先垂范,与灾区人民心连心、同呼吸、共命运。其二,弘扬爱国主义为核心的民族精神。民族精神是人民在长期的生活实践中创生的,具有强烈的文化内生性和社会动员力。党立足以爱国主义为核心的民族精神,发扬不畏艰险、百折不挠、勤劳勇敢、自强不息、自力更生、团结协作、互助友爱的民族精神,充分发挥人民自救自建的主动性、创造性和创造性。据统计,唐山地震从废墟中死里逃生的人,有 1/3 以上是在部队到达之前靠自救和互救脱离险境的;② 汶川地震救出的总人数约 8.7 万人,其中自救互救约 7 万人。③ 其三,坚持改革创新为核心的时代精神。汶川地震灾后救援及灾后恢复重建,无不体现了尊重科学、科学发展、与时俱进、开拓进取、求真务实的时代精神。正是在这些精神的引领下,灾区干部与群众勠力同心,天翻地覆之后,在满目疮痍的土地上创造了奇迹般的变化,实现了前所未有的跨越式发展。

2. 党的领导凝聚着众志成城的磅礴力量

抗震救灾是一项庞大而复杂的系统工程,没有高度的团结协作性和广泛的社会参与性难以完成。在历次的抗震救灾过程中,党充分发挥组织领导优势,集中统一领导,多方协调配合,快速行动,广泛动员,形成了万众一心、众志成城的磅礴力量。汶川地震是中华人民共

---

① 邓小平文选(第三卷)[M]. 北京:人民出版社,1994:341-342.
② 撼山易.撼我军民难——"7·28"唐山抗震追忆[N]. 人民日报,1994-07-28(3).
③ 民政部国家减灾中心,联合国开发计划署.汶川地震救灾救援工作研究报告[R].联合国开发计划署,2009-03-29.

和国成立以来破坏性最强、波及范围最广、救援难度最大的一次地震。汶川特大地震中，充分发挥了党的组织领导优势，开展了一场我国历史上救援速度最快、动员范围最广、投入力量最大的抗震救灾斗争。一是党中央集中统一，果断决策，有力指挥。迅速成立应急指挥部统一指挥救灾工作，建立上下贯通、军地协调、全民动员、区域协作的工作机制。二是成立抗震救灾工作组，协调各方力量。根据抗震救灾工作需要，成立9个工作组协调应对救灾工作，并在成都设立了前方总指挥部，统一协调前方救灾事务。灾区各级政府也分别成立了指挥机构，全面部署抗震救灾工作。三是各级党委政府、党员积极响应，迅速行动。救灾政策出台后，各级党委政委府认真组织落实。四是进行广泛社会动员，调动人民群众的自救互援力量。在党中央及各级党组织、干部、党员的带领下，广大灾区群众奋起自救；民政部、中国红十字会总会迅速组织捐赠；全社会奉献爱心、支持援助。据统计，国内外捐赠资金物资总计达到史无前例的700多亿元，通过四川省团委的渠道进入灾区的志愿者累计达100多万人。[①] 在党的坚强领导和有力组织下，震后三个月，灾区学校全部复课，受灾企业93%恢复生产，商业网点93%恢复营业；[②]震后三年基本实现"家家有房住、户户有就业、人人有保障、设施有提高、经济有发展、生态有改善"的重建目标。[③]

3. 党的领导引领着感恩奋进的新时代风貌

在马克思主义的指引下，中国共产党带领中国人民实现了从站起来、富起来到强起来的伟大转变。富强的国家是特大地震灾后重建和

---

① 民政部国家减灾中心，联合国开发计划署. 汶川地震救灾救援工作研究报告[R]. 联合国开发计划署，2009-03-29.
② 张斌. 抗击汶川地震的"四川实践"与启示[N]. 人民日报，2010-05-31（16）.
③ 温家宝. 汶川地震灾后恢复重建座谈会上的讲话[N]. 人民日报，2011-05-10（2）.

可持续发展最坚强的后盾。如今,地震灾区人民将感恩党、感恩祖国、感恩解放军、感恩社会的感恩情怀和自身奋进有机结合,形成了感恩奋进、共创美好生活的新时代风貌,这也进一步丰富了抗震救灾精神的时代内涵。一方面,与民同心,激发人民群众坚强奋进的内生力量。想人民之所想,急人民之所急,关注人民最迫切的需要,解决最主要的矛盾。从"把挽救人的生命作为当务之急、作为重中之重",到"千方百计安置好受灾群众",从"把群众安顿好,把民生保障好,把灾区建设好",到基本实现"家家有房住,户户有就业,人人有保障,设施有提高,经济有发展,生态有改善"目标①,激发出人民群众重建家园、开启人生新篇章的最强的内生动力。另一方面,与民同行,带领人民群众在感恩奋进中走向更美好的生活。灾后重建让灾区的基础设施、居住条件、公共服务等方面有明显的提升,取得了令世界瞩目的成就。而在"后重建时期",在全面建成小康社会的伟大征程中,如何巩固发展已取得的成果,实现经济、社会、环境的可持续发展成为新的主题。广大灾区党员干部"撸起袖子加油干",实施"旅游攻坚""绿色发展""文化惠民"等措施,灾区人民群众在党员干部的带领下,带着饱满的热情和对更美好生活的热切企盼,齐心协力、锐意进取,鼓足了发展后劲。

4.2.2 坚定的理想信念是抗震救灾精神的核心要素

"中国共产党人的初心和使命,就是为中国人民谋幸福,为中华民族谋复兴。"② 不忘记初心,首先是不忘马克思主义,不忘人民的初心。中国共产党一经成立,就把马克思主义写在自己的旗帜上,义无反顾

---

① 温家宝. 汶川地震灾后恢复重建座谈会上的讲话[N]. 人民日报,2011-05-10(2).
② 习近平. 决胜全面建成小康社会 夺取新时代中国特色社会主义伟大胜利[N]. 人民日报,2017-10-28(1).

地肩负起实现中华民族伟大复兴的历史使命，团结带领中国人民进行了艰苦卓绝的伟大斗争，正一步一步到达理想的彼岸。在抗震救灾伟大斗争中，坚定的理想信念是抗震救灾实践取得伟大胜利的精神支柱，也是抗震救灾精神形成的理论向导。

1. 理想信念是中国共产党经受抢险救灾考验的强大精神支柱

理想信念是中国共产党人的政治灵魂，是党应对一切考验的精神支柱。坚定的理想信念来源于对马克思主义的深刻理解和自觉践行。马克思、恩格斯基于人类社会发展规律及历史发展趋势的科学分析，提出社会主义必将代替资本主义，人类社会必将走向共产主义的观点。中国特色社会主义理论体系贯穿着马克思主义的观点，对共产主义的远大理想和对中国特色社会主义信念的坚贞和忠诚，让中国共产党于挫折中不断奋起，于民族危难之际力挽狂澜，于国家社会步入迷途之时领航导向。突如其来的特大地震灾害，是对党的执政能力、组织领导能力、社会动员力以及党的先进性的严峻考验。此时，坚定的理想信念是支撑党攻坚克难，成功应对考验，转危为安的强大精神支柱。因为有坚定的理想信念，在特大地震灾难面前，中国共产党人才会有团结统一的精神风貌和组织状态，才会有勇于拼搏、敢于胜利的斗志和信心，才会有舍生忘死、勇往直前的大无畏气魄。

2. 理想信念是实现灾区跨越式发展的正确思想导向

马克思主义是指导抗震救灾实践的科学真理，是实现灾区科学快速发展的思想先导。坚持理想信念，坚持真理，就是要坚持实事求是，科学发展；坚持理想信念，就是要维护人民的利益，满足人民的需要，实现人民对安定、和谐、美好生活的向往。中国共产党始终坚持以民生为首，一切从实际出发，科学重建，积极运用科学思维、系统战略思维、创新思维等指导重建和发展。"5·12"汶川特大地震灾后恢复重建，坚持"以人为本、尊重自然、统筹兼顾、科学重建"的指导思想，弘扬团结互助、自力更生、自强不息等民族精神，发挥社会主义制度优势，形成举全国之力对口支持机制，制定施行法规、规划，保证依法重建科学规划。"4·20"芦山地震灾后恢复重建工作，按照习近平总书记"以人为本、尊重自然、统筹兼顾、立足当前、着眼长远"的科学重建要求，突出绿色发展、可持续发展理念，注重因势利导的发展型重建、因地制宜的生态型重建。①正是有坚定的理想信念，才能在灾后重建中产生震惊世界的中国速度和中国精神，才能实现灾区的跨越式发展。

3. 理想信念是兴邦励党、民族复兴的根本动力

执着并忠诚践行理想信念，不断为人民谋幸福，为民族谋复兴是中国共产党作为马克思主义政党的初心和使命。坚持理想信念是实现多难兴邦，多难励党的辩证转化的前提可能，是实现民族复兴的根本动力。这既是抗震救灾精神的内涵实质，也是其价值所在。近百年的奋斗史充分证明，坚定的理想信念是党取得一切胜利的根本原因，是党永葆生机和民族繁荣不息的动力之源。革命战争年代如此，社会主义建设时期如此；民族危难时如此，社会危机时也如此。在抗震救灾和灾后重建过程中，在党中央的领导下，各级党组织密切配合，基层党组织如战斗堡垒般攻坚克难，带领群众自救互救，重建家园，广大党员、干部挺身而出、身先士卒、坚忍不拔、顽强拼搏，充分发挥先锋模范作用。这些无一不是信仰的力量，无一不是他们对理想信念的忠贞不渝和矢志不移。据报道，汶川地震灾区共组建了 8.2 万多个各类党员抢险队、党员突击队从事急难险重任务，参与党员达 110 多万人，在从废墟中抢救出的人中超过 80% 是党员干部群众组织抢救和自救互救出来的。②多难兴邦、多难励党。抗震救灾精神蕴含着丰富的兴邦励党，实现民族复兴的资源，是新时代不忘初心的力量之源。

---

① 习近平就芦山地震抗震救灾工作作出重要指示 以受灾群众安置为中心任务 抓紧开展恢复重建前期工作[N]. 人民日报，2013-05-04（1）.

② 张斌. 抗击汶川地震的"四川实践"与启示[N]. 人民日报，2010-05-31（16）.

4.2.3 以人民为中心是抗震救灾精神蕴含的根本立场

历史唯物主义认为,人民是历史的创造者,这就内在地规定了人民的历史主体性,鲜明地确立了马克思主义的人民立场。一切为了人民,一切相信人民,一切依靠人民,这是马克思列宁主义的根本立场和观点,也是毛泽东思想、邓小平理论、"三个代表"重要思想以及科学发展观、习近平新时代中国特色社会主义思想等思想理论的逻辑起点和归宿。发挥人民的主体作用,坚持以人为本,人民至上是抗震救灾精神蕴含的鲜明立场和价值追求,深刻体现了马克思主义的根本立场。

1. 人民群众是抗震救灾精神的创造主体

历史唯物主义认为:人民群众是历史的创造者,是一切物质文化和精神文化的创造者,因此,人民群众是抗震救灾实践取得胜利的根本力量,也是抗震救灾精神的创造主体。抗震救灾精神本质上是人民精神、人民力量、人民气概的集中体现。

人民群众是抗震救灾实践的主体。抗震救灾精神来源于实践,人民群众是实践的主体,必然是抗震救灾精神的主体。唐山地震后,人们牢记毛主席"我们应当相应群众,我们应当相信党这两条根本的原理"的话语,在艰苦的历史条件下,战胜灾难,重建了一座"英雄的城市",再现了这里"英雄的人民";汶川地震后,全国人民在党的领导下,在胡锦涛同志"任何困难都难不倒英雄的中国人民"的激励下,不屈不挠,同心协力,创造了感动中国,感动世界的重建奇迹;芦山地震后,习近平总书记指出"中国人民同心同德、协力奋战,一定能够战胜灾害、重建家园,让灾区人民过上美好生活",全国人民在此勉励下实现了灾区的绿色、可持续、跨越式发展,再次验证了"任何困难都难不倒英雄的中国人民"①。

---

① 中国人民一定能战胜灾害重建家园[N]. 中国青年报,2013-04-23(1).

人民群众创造的优秀传统文化也是抗震救灾精神的重要来源。民族文化孕育抗震救灾精神，民族精神是抗震救灾精神的重要组成部分。抗震救灾精神生动地展现了一脉相承的中华民族优秀传统文化，即中国人民在长期的实践过程中，积淀形成的团结统一、友爱互助、勤劳勇敢、自强不息、不屈不挠、勇往直前、感恩、奉献等精神。这些文化精神力量哺育中华儿女，滋养民族灵魂，绽放精神之花。

2. 以人为本是抗震救灾精神的核心理念

马克思、恩格斯始终秉持着人民立场和人类解放的真挚情怀，反对用理性至上来同人民至上相对立。中国共产党领导中国人民在历次抗震救灾的实践中，始终坚持马克思主义人民立场，形成抗震救灾精神"以人为本""人民至上"的核心价值。

其一，将人民的生命作为最高价值坚守。人民的生命高于一切。历次地震，党始终坚持立党为公、执政为民的理念，把以人为本作为最高准则，把挽救人的生命作为重中之重，只要有一线希望就尽百倍努力，举全国之力支援灾区；党和国家领导人身先示范，诠释人民价值：1966年河北邢台地震发生以后，周恩来三赴震区落泪；① 2008年汶川地震发生后不到1小时，胡锦涛作出重要指示，温家宝震后不到5小时便抵达灾区现场；2013年芦山地震，习近平命令人民解放军和武警部队立即投入抗震救灾，李克强当日下午飞抵灾区指挥抗震救灾。珍重每一个普通生命，汶川地震后为遇难普通百姓设立全国哀悼日，为遇难同胞降半旗、默哀，这是中华人民共和国成立以来首次为百姓死亡下半旗志哀。

其二，让人民满意，科学重建再造家园。汶川地震灾后重建遵循"以人为本、尊重自然、统筹兼顾、科学重建"的指导方针，颁布实施《汶川地震灾后恢复重建条例》，制定《汶川特大地震灾后恢复重建总

---

① 来源于"5·12"汶川特大地震震中纪念馆展示资料。

体规划》及10个专项重建规划，依法科学实施灾后恢复重建。把保障和改善民生作为基本出发点，优先推进住房、学校、医院等民生设施建设，提高人民群众的居住水平、公共服务水平等，着力解决群众就业、特困帮扶、再生育服务等问题；并通过"坝坝会""板房夜话"等协商式民主方式，建立"一事一议""一执行一监督"等议事型民主制度，让群众广泛参与、充分表达。

3. 人民对美好生活的向往是抗震救灾精神的时代要求

"永远把人民对美好生活的向往作为奋斗目标"，这是马克思主义政党最庄严的承诺，是党性和人民性统一最生动的诠释，也是抗震救灾精神鲜明的时代价值。让灾区人民更幸福，将民生作为灾区发展大计，持续发展创造美好生活是抗震救灾精神时代内涵和要求的体现。

其一，肩负起脱贫攻坚使命，带领人民群众全面奔小康。"小康不小康，关键看老乡"，朴实的话语道出的是以人为本的真谛。汶川县干部群众发扬"5+2""白加黑"的汶川抗震救灾精神，为脱贫攻坚，开创美好未来而拼搏奋进。据统计，全县累计"1200余名干部到村24 000余天，召开院坝会800余次，家庭会7000余次，开展农民夜校2800余课时，制定'回头看、回头帮'措施1000余条，覆盖贫困户1321户、非贫困户17 000余户"；精准发力，带领群众过上好日子。全县"突出产业扶持和就业增收，科学谋划'造血功能强、辐射范围广'的特色产业，通过产业联动，帮助困难群众致富增收"。①

其二，持续发展，改善民生。发展是改善民生的基础，是实现美好生活的前提保障。在党和国家全面建成小康社会，打赢脱贫攻坚战的时代背景下，北川县"把脱贫攻坚作为首要目标、把永续发展作为关键目标、把民生改善作为终极目标，专注科学发展、跨越发展基本

---

① "赶考"路上的最后冲刺——汶川县脱贫攻坚"迎检"工作综述[EB/OL]. http://www.wenchuan.gov.cn/p/st_news_items_i_8fbb3532fbec49aba0f02bd2a963719f/, 2017-10-27.

取向",大力实施"品牌先导、绿色崛起、双创驱动、开放黏合"战略。① 在新时期、新征程中,以汶川、北川等为代表的极重灾区,积极发扬抗震救灾精神,为新时期更加美好的生活拼搏奋进;全国各族人民也在抗震救灾精神的砥砺下,在以习近平同志为核心的党中央的带领下,向着更美好的未来迈进。

精神的理论渊源和属性总会在产生精神的实践所包含的立场、观点和方法中真实而又深刻地表现出来。抗震救灾精神体现了马克思主义,尤其是中国特色社会主义理论的当代价值和现实意义,是增强理论自信的重要载体和资源。当前,弘扬抗震救灾精神,坚持理论自信,必须进一步夯实马克思主义的指导地位,深刻领会和全面贯彻落实习近平新时代中国特色社会主义思想,坚定理想信念,坚持党对一切工作的领导,坚持以人民为中心的发展思想,不断创新和发展中国特色社会主义理论体系。

4.3 制度自信视域中的抗震救灾精神溯源

中国是地震多发国家,近 10 年来,自 2008 年汶川特大地震发生后,又陆续发生了玉树、芦山、鲁甸、九寨沟等大地震。每一次大地震都给国家和人民的生命财产安全造成了重大损失。地震是灾难,但是"没有哪一次巨大的历史灾难,不是以历史的进步为补偿的"②。在中国共产党的坚强领导下,全党全军全国各族人民齐心协力、攻坚克难,不仅取得了抗震救灾的伟大胜利,而且共同锻造铸就了"万众一心、众志成城,不畏艰险、百折不挠,以人为本、尊重科学"的抗

---

① 不忘初心 砥砺奋进 奋力谱写中国梦北川篇章[EB/OL]. http://www.beichuan.gov.cn/content.jsp?id=8a868a345ea7407c015f499ae28e33f9&classid=14df7714f4ab4b0e9a9f5a91d5cfb8a8.2017-10-23.
② 马克思恩格斯全集(第三十九卷)[M]. 北京:人民出版社,1974:149.

震救灾精神。抗震救灾实践的胜利和抗震救灾精神的形成，都与中国特色社会主义制度有着深刻的内在关联。没有中国特色社会主义制度，就不可能取得抗震救灾实践的胜利，具有中国特色的抗震救灾精神也不可能形成。抗震救灾实践和抗震救灾精神，充分体现了中国特色社会主义制度的本质特征，彰显了中国特色社会主义制度的巨大优越性和强大生命力。

4.3.1 中国特色社会主义制度保障性与抗震救灾精神的形成

1. 公有制的主体地位为抗震救灾精神的形成提供了经济保障

邓小平高度赞扬社会主义制度的优越性："社会主义国家有个最大的优越性，就是干一件事情，一下决心，一作出决议，就立即执行，不受牵扯……就这个范围来说，我们的效率是高的，我讲的是总的效率。"① 为什么我们的效率是高的？最根本的原因是基于公有制的主体地位。公有制的主体地位，决定了国有经济控制关系国计民生的重要行业和关键领域，决定了公有资产在社会总资产中占据绝对优势，也决定了国家直接掌控重要的物资资源和公共事业部门。公有制的主体地位能够做到全国一盘棋，为国家在紧要关头集中全国的资源和力量应对危机、抗击灾难提供了可能。

汶川地震一个月，国家民政部就组织调运、生产帐篷160万顶，调运分配中央储备粮、各种食品42万多吨，发放衣被1900万件（床），协调下拨中央财政救灾资金370亿元。② 从而使800多万临时安置群众的基本生活得到保障；所有的重灾县和94%的乡镇通了公路，92%

---

① 邓小平文选（第三卷）[M]. 北京：人民出版社，1993：240.
② 孙玉琴. 和衷共济 共克时艰——民政部召开全国民政部门负责同志会议[J]. 中国民政，2008（7）.

的重灾乡镇恢复了供电，60%的灾区学校复课。① "地震前几个月，国家每天还管你的生活费，一个人一个月发三百，救灾物资那些随时都有，方便面、被子、大米、水、午餐肉、罐头这些随时都有……都是免费领取的……很多东西一年以后都还在领。"② 灾后三年，便完成了大规模的灾后重建。在玉树、芦山、鲁甸等地震中，国家各级政府及相关职能部门，也都在救援力量组织协调、救援物资发放、救灾款项下拨等方面发挥着重要的领导作用；国有大中型企业在抢通道路、运送设备和物资、恢复通信、电力设施等方面，发挥着重要的支柱作用。汶川地震"当时抢险队伍很多，有2炮部队、有武警部队、有志愿者，不到一周山东援建的也陆陆续续到了。四川省、绵阳市为了做好抢险保通工作，又派了8个助手来北川报到"③。在大地震面前，公有制主体地位的优越和高效性充分显现出来。

2015年，中共中央政治局集体学习时，习近平着重强调："公有制主体地位不能动摇，国有经济主导作用不能动摇，这是保证我国各族人民共享发展成果的制度性保证，也是巩固党的执政地位、坚持我国社会主义制度的重要保证。"④

2. 人民代表大会制度为抗震救灾精神的形成提供了政治保障

人民代表大会制度是我国的根本政治制度。根据民主集中制原则，人民通过选举，选出人民代表，地方各级人民代表大会代表人民行使相应的国家权力，全国人民代表大会作为国家最高权力机关，统一行

---

① 刘奇葆. 打胜抗震救灾硬仗 重建美好新家园[J]. 求是，2008（12）.
② 张利民. 访北川擂鼓镇某社区干部程玉沛. 擂鼓镇镇政府办公室，2016年7月20日.
③ 曹元梅. 访原北川县交通局局长程波. 北川县新北川宾馆，2017年8月16日.
④ 习近平. 在中共中央政治局第二十八次集体学习时强调：立足我国国情和我国发展实践 发展当代中国马克思主义政治经济学[J]. 党建，2015（12）.

使国家权力。这种集中分层的权力建构模式，不仅可以实现国家的政令统一，提高办事效能，而且还可以集中力量办大事。正如邓小平所言："社会主义同资本主义比较，它的优越性就在于能做到全国一盘棋，集中力量，保证重点。"①

2008年汶川8.0级特大地震，是中华人民共和国成立以来破坏性最强、波及范围最广、救灾难度最大的一次地震灾害。在中央的统一指挥和坚强领导下，我们赢得了中国历史上救援速度最快、动员范围最广、投入力量最大的抗震救灾斗争的胜利。交通运输部门统一协调12省市运力，组建专业化公路抢通保通突击队；灾后不到两周，医疗救护队伍就覆盖了每个受灾村庄；新闻宣传战线紧急动员，为救灾重建提供强大舆论支持；人力资源和社会保障部提出包括实施就业援助、确保待遇发放等一系列措施；国土资源部组织土地勘测规划，为重建提供支持；中央在震后37天就作出"一省帮一重灾县"的部署，19个对口援建省市积极开展对19个重灾县重点重建项目的援建。②2014年8月3日，云南省鲁甸县发生了6.5级地震。地震后仅2分钟，中国地震台网就向多部门发出短信速报；3分钟后，公安消防部队救援力量就已携带应急救援装备出发；10分钟后，第14集团军地震应急救援队115名官兵紧急驰援灾区；鲁甸县公安消防大队全体官兵清障开路、徒步疾行，2个小时后便到达震中；随后是交通、卫生、军队……不到1小时，救灾指挥系统各相关部门全部到位。③中国速度、中国效率一次次震惊世界。而集中统一、权威效能的党中央和中央政府强有力的组织领导，以及地方政府和相关职能部门的强力作为，是万众

---

① 邓小平文选（第二卷）[M]. 北京：人民出版社，1994：16.
② 苏玉琼. 抗震救灾精神是社会主义核心价值体系与救灾重建实践相结合的产物[J]. 理论界，2012（3）.
③ 陈俊宇. 鲁甸地震救援展现中国速度与力量[N]. 工人日报，2014-08-09（1）.

一心、众志成城、不畏艰险、百折不挠取得抗震救灾胜利的强大政治保障，也是中国特色社会主义制度优越性的鲜明特征。

3.党领导下的人民群众主体作用的发挥为抗震救灾精神的形成提供了组织保障

办好中国的事情，关键在党。列宁曾指出："谁害怕社会主义建设中的困难，谁被这些困难吓倒，谁见了这些困难就悲观起来或者惊慌失措起来，谁就不是社会主义者。"① 中国共产党历经磨难而巍然屹立，千锤百炼而更加坚强，用自己坚定的社会主义信念和切实的行动，捍卫人民民主专政的社会主义根本制度和国家政权，保障人民群众的根本利益。

每次地震发生后，党和国家领导人都把人民的生命财产安全放在第一位，于第一时间，快速反应，果断决策，亲临一线指导救援并慰问灾区群众。2008 年"5·12"汶川特大地震后，胡锦涛总书记先后三次主持召开中央政治局常委会议，研究部署抗震救灾工作，并且做出明确指示："只要有一线希望，只要有一点生还可能，我们就要作出百倍努力。"② 温家宝总理亲自担任抗震救灾总指挥，地震发生后仅两个小时，他便风尘仆仆地登上了飞赴灾区的专机。2013 年 4 月 20 日芦山发生 7.0 级地震，习近平总书记立即作出重要指示，要把抢救生命作为首要任务，千方百计救援受灾群众，要科学施救，最大限度减少伤亡；国务院总理李克强也是第一时间率队奔赴灾区，看望并慰问灾民。2008 年汶川地震，国家累计解救和转移人员多达 140 多万人；2010 年玉树地震，10 多万人被紧急转移安置；2013 年芦山地震，近 30 万人被紧急转移安置；2014 年鲁甸地震，20 多万人被紧急转移安置……中国共产党"为人民服务"的根本宗旨以及"立党为公、执政

---

① 列宁.从破坏历来的旧制度到创造新制度[M]//列宁选集(第四卷).北京：人民出版社，1995：176.
② 胡锦涛.在四川召开的抗震救灾工作会议上的讲话[EB/OL].人民网，2008-05-18.

为民"的执政理念,在历次的抗震救灾实践中,都转化为"以人为本、人民至上"的抗震救灾精神的核心价值,贯穿于抗震救灾的整个过程。

在每一次抗震救灾的关键时刻,从中央到地方各级党委,充分发挥统一组织、指挥协调、迅速动员的强大功能,党员干部发扬特别能吃苦、特别能战斗、特别能奉献的精神,以身作则、冲锋在前。汶川地震当时,陈家坝乡党委书记赵海清振臂高呼:"所有党员干部全部站出来!"党员干部都站出来了,年轻人都站出来了,一个电力公司的小姑娘说:"我不是党员可不可以来参加?"①社会其他方面的力量也被充分调动,来自全国各地的救援力量汇聚成一股股势不可挡的强大力量,投身灾区救援和和灾后重建。冒着生命危险救助受伤女孩的崇州某部队小战士罗梁掷地有声地说了这样几句话:"理所当然的!没有其他过多的想法,我不冲锋在前,谁冲锋在前?!""我们是去救人,不是为了出名""不满意的,就是感觉救的人太少了"②……充分彰显了国家危难关头无数勇士的崇高品质和使命担当。灾区人民群众也发挥不畏艰险、百折不挠、自力更生、艰苦奋斗的精神,积极开展自救互救。社区干部程玉沛在汶川地震中,第一时间救出两个年轻人,最后一个救出自己的儿子,在儿子脚小骨头断了的情况下,对儿子说:"莫急莫急,然后我就又走了,又跑去救,救了一下午的别人。"③山上农民桂正财在山崩地裂当时,背着两岁孙女往山下跑,着急去寻找爱人和孙子的路途中,看到一家三口埋在房屋里面大声呼叫,毅然决然地把孙女放在地上,对孙女说:"你慢慢来,我去前面掏人去了。""三个人里面救活了两个。"④全国上下在党中央的坚强领导下,展现出气势恢宏的"万众一心、众志成城"的抗震救灾精神风貌。

---

① 胡子祥.访原陈家坝乡党委书记赵海清.北川经济开发区纪工委,2017年8月15日.
② 张利民.访中国人民解放军某部战士罗梁.崇州某部队,2017年2月22日.
③ 张利民.访北川擂鼓镇某社区干部程玉沛.北川县擂鼓镇镇政府办公室,2016年7月20日.
④ 张利民.访北川擂鼓镇农民桂正财.北川县擂鼓镇廉租房广场,2016年7月21日.

4.3.2 中国特色社会主义制度创新性与抗震救灾精神的发展

1. 经济制度和体制的改革与完善使抗震救灾精神有了更坚实的物质支撑

我国由计划经济体制向社会主义市场经济体制的转变，实现了国家宏观调控和市场基础性作用的有效结合，极大地解放和发展了生产力，市场活力得到充分激发，经济健康、稳定、快速地发展，为抗震救灾提供了强大的经济实力和充足的物质保障。

2008年汶川地震，"我们之所以能够取得抗击这场特大地震灾害的显著成效，很重要的一条就是靠改革开放30年的发展积累。从1978年到2007年，中国国内生产总值由2165亿美元增加到3.23万亿美元，年均增长9.6%，综合国力大幅提升；财政收入由1132亿元增加到5.13万亿元，增长了44倍多，国家财力大大增强。"[①]几十年来，正是基于经济的快速发展，国家实力的显著增强，人民生活水平的显著提高，我们抗御各种灾难和风险的物质保障能力也大大增强。汶川地震灾后重建，仅四川省使用的中央财政资金、省级财政资金、对口援建省份资金及社会捐款就有5000亿元，仅用了三年时间就完成了规模浩大的灾后重建工程。实现了"家家有房住，户户有就业，人人有保障，设施有提高，经济有发展，生态有改善"的重建目标。住在映秀镇安置房的刘登华谈起地震前大山上的生活苦不堪言："我们以前是高山上的，房子垮了。是木头建的，以前遭过火烧，火烧过后用木头搭的架子，纯粹不是房子，就等于是搭了个蓬蓬那种。木头砍来立起搭个架子，搭个布，就是房子，就是那样的。吃了上顿没有下顿。苦了十多年，造孽。后来就地震了。"现在她住上了宽敞漂亮的小区房，有了相

---

① 蔡小平，王伟. 论抗震救灾伟大精神[J]. 道德与文明，2008（6）.

对轻松工作,"国家好,真的好,说老实话",心里满满的都是感恩①。玉树地震,仅中央电视台的募捐晚会就募得善款 21.75 亿元。芦山地震,震后不到三个月,国务院就在官方网站上公布了《芦山地震灾后恢复重建总体规划》,规划用 860 亿元、三年时间,完成芦山地震重建工作。鲁甸地震,中央财政第一时间下拨救灾资金 22 亿元。每一次地震,救援物资、重建物资都储备充足、保障到位。强大的综合国力和充足的物质保障,是我们赢得一次次抗震救灾斗争和灾后重建胜利的根本基础,是万众一心、众志成城,不畏艰险、百折不挠抗震救灾精神的坚实支撑。

经济的发展也带动了科技的进步。北斗卫星、风云卫星、资源卫星、卫星电话、卫星遥感技术、无人机、直升机、生命探测仪、专业切割机、爆破技术、野战医院等高新技术和先进设备,在抗震救灾实践中发挥了难以替代的作用,大大提高了救援的效率和成功率。

2. 政治制度和体制的改革与完善使抗震救灾精神得到进一步的丰富和升华

中华人民共和国成立以来,尤其是"文化大革命"以后,我国政治制度和政治体制的改革与完善不断前行,社会主义民主不断扩大,社会主义法治不断加强,国家和社会的活力不断激发,制度化、规范化、程序化、法治化成为普遍的政治生态。

2008 年"5·12"汶川地震后,5 月 13 日,中共中央纪委监察部就印发了《关于加强对抗震救灾资金物资监管的通知》;5 月 29 日,财政部颁布了《关于加强汶川地震救灾采购管理的紧急通知》;6 月 1 日,民政部印发了《汶川地震抗震救灾生活类物资分配办法》的通知;6 月 2 日,财政部、住房城乡建设部颁布了《地震灾区过渡安置房建设

---

① 张利民. 访汶川县映秀镇群众刘登华. 映秀镇刘登华家中,2016 年 10 月 29 日.

资金管理办法》的通知；6月4日，国务院常务会议通过了《汶川地震灾后恢复重建条例》；6月18日，《汶川地震灾后恢复重建对口支持方案》正式颁布；5月27日、6月6日以及7月14日，最高人民法院连续发布了《最高人民法院关于依法做好抗震救灾期间审判工作切实维护灾区社会稳定的通知》《最高人民法院关于依法做好抗震救灾恢复重建期间民事审判和执行工作的通知》以及《最高人民法院关于处理涉及汶川地震相关案件适用法律问题的意见（一）》等法律文件。另外，国家规定自2009年起，每年5月12日为全国防灾减灾日；由国家层面组织编撰专题性志书——《汶川特大地震抗震救灾志》，等等。

地震发生时，地方物资发放、救助金的领取"县政府安排一步一步发下来，安排到乡上，乡上安排到村上，村上再安排队长，一步一步地，逐步逐步地"。亲身经历了汶川大地震、灾后重建以及精准扶贫的现汶川县卫计委办公室主任张胜的肺腑之言："说实话，如果不是自己亲身经历的，我也不会这么爱说。但是真的，只有自己的真实感受才说得出这些……到目前为止，我们汶川县没有哪一个干部职工，或者哪个领导克扣我们老百姓的资金，没有发生过。我们所有的资金，应该说是取之于民，用之于民，真的是全都用在老百姓身上了，所以很多老百姓真正体会到了现在国家的好。"①

玉树、芦山、鲁甸等大地震，国家和地方也都发布了相关的抗震救灾以及灾后恢复重建的诸多政策措施、法律法规，从而使整个抗震救灾和灾后重建都规范合理、依法有序进行。理性、规范、有序成为抗震救灾精神中除意志之外的更为突出的特征。抗震救灾精神的内容更为丰富，精神本质也得到进一步的升华。

---

① 张利民. 访汶川县卫计委办公室主任张胜. 汶川县民政局，2017年7月18日.

3. 抗震救灾机制的完善与创新为抗震救灾精神注入更多的科学元素

汶川地震仅4天时间，国家就向灾区派出10多万人的各类救援队伍；首批4500名空降兵全部写好遗书，赶赴灾区。相比较汶川地震，"4·20"芦山地震的政府应急响应更迅速、应急指挥更有序、应急救援更有效、应急保障更有力。①仅20分钟，120名抢险救灾指战员就带领救护车、挖掘机、装载机共173台以及4架直升机紧急出动；仅2天时间，武警部队救灾一线兵力就增至5800名，新增大型工程机械164台。2014年8月3日鲁甸地震，中国地震局仅用了4天时间就正式发布了《鲁甸6.5级地震烈度分布图》，全面完成了地震的烈度调查和评定工作，比汶川地震早了数十天，比2013年的芦山地震也提前了2天。与汶川地震、玉树地震和芦山地震相比，随着属地为主，分级负责的抗震救灾工作机制的基本确立，中国救灾体系已经走向成熟，救援安置工作更加科学有效。

不断进步高效的抗震救灾应急体系、科学的救灾举措，充分体现了国家治理能力和治理体系的快速提升，是国家治理能力和治理体系现代化进程中的重要实践，赋予了抗震救灾精神鲜明的时代特征和科学内涵。以人为本、尊重科学、科学高效，成为当代抗震救灾精神中一项重要内容。

4.3.3 中国特色社会主义制度有效性与抗震救灾精神的认同

1. 有效整合民心使抗震救灾精神凝心聚力

危难时刻，最容易导致社会失序、行为失范。但是我们看到，在中国，每次地震发生后，从来没有发生过这样的情况。相反，人们恪

---

① 宋劲松. 芦山地震：抗震救灾五年大考[N]. 光明日报，2013-5-16（14）.

守中华民族的传统美德，践行社会主义核心价值观，演绎人间大爱，识大体，顾大局，诠释社会主义大家庭"一方有难、八方支援"的集体主义精神。无数的志愿者从四面八方奔赴灾区，社会各界捐款捐物，全国人民尽己所能地表达着对灾区人民的支持和帮助，整个社会更加稳定、团结。

"社会主义核心价值观是中国特色社会主义制度的精神内核，体现了社会崇尚和倡导的价值目标、理想信念、道德准则、精神风尚等因素的社会价值认同观念，能够有效制约非核心、非主导的社会价值观的发挥，保障社会经济制度、政治制度、文化制度的稳定和发展。"① 抗震救灾，是对社会风尚、社会公德、国民素养以及社会文明水平的大检验，是对社会主义核心价值体系建设和核心价值观践行情况的大检验。一次次应对地震灾难的壮伟实践，充分证明了我们的社会风尚、社会公德、国民素养以及社会文明水平已经达到了一个新的高度。凝练形成的抗震救灾精神，更是凸显了马克思主义以人为本的价值观，彰显了中国特色社会主义共同理想的强大凝聚力，升华了民族精神和时代精神，体现了社会主义荣辱观的时代活力，抗震救灾精神宣示了社会主义核心价值体系的蓬勃生机。② 曾为汶川地震灾区捐款1000万元，为玉树地震灾区捐款1000万元的著名绘画艺术家范曾感言："我分担你的痛苦和灾难，我分享你的光荣与尊严，因为你的名字叫中国。"中国，成为国人共同的寄托，抗震救灾精神彰显了所有中国人共有的家国情怀。难怪芦山地震后西方媒体感叹："人们对普通中国人更有信心了，可以确信他们拥有建立一个更具美德社会的能力和责任感。"③

---

① 韩震. 社会主义核心价值观五讲[M]. 北京：人民出版社，2012：10-13.
② 王炳林，阚和庆. 伟大的抗震救灾精神宣示了社会主义核心价值体系的蓬勃生机[J]. 求是，2008（19）.
③ 陆侠. 从汶川到芦山，一个民族的砥砺前行[N]. 人民日报，2013-04-22（5）.

2. 有效救灾重建使抗震救灾精神绵延相传

地震是灾难，每一次地震都给灾区群众带来巨大的身心创痛和财产损失。但每一次地震发生后，中国共产党的坚强领导，全国人民的无私大爱，都给了灾区群众强大的精神支撑和充足的物质保障。汶川地震时，仅映秀镇"部队救援就有好几个月，每天都有医务人员来，每天那个废墟里面都要去消毒，每天都要去水源点检测水源有没有污染，他们什么都做，真的是特别感谢部队"。"地震过后国家的政策还是好，女同志满四十岁、男同志满五十岁，就可以买因灾失地的社保。老年人女的满五十、男的满六十交一万两千多元就可以开始拿工资了……现在我都已经开始拿工资了，每个月有七百三十的工资。"①汶川县映秀镇群众易建平谈起地震的救灾情况和国家政策，满心都是感激。灾后重建，让很多灾区的面貌焕然一新。曾经满目疮痍的重灾区和贫困乡村，重建后变成了一个个美丽的田园小镇、花园城市，交通、教育、医疗、卫生、娱乐、健身等惠民基础设施规划整齐、配套完备。有不少灾区的公共设施建设相比较地震前超越了几十年，很多地方达到了国内一流水平。没有一名灾区群众因灾致贫，因灾返贫。"我们汶川地震后，最安全的是学校，最现代的是医院，最漂亮的是民居……我们老百姓的房屋，是真的很漂亮！……我们经常说的一句话就是灾后重建，让我们的硬件方面，提高了二三十年，我们思想上冲击，起码也是提高了几十年。因为他们带来了很多先进的理念，很多想法。"汶川县卫计委主任张胜不无骄傲地说。②

北川新县城，仅规划设计一项，就汇集了全国 50 多家顶尖资质的设计单位，由多名院士和专家学者参与其中，不少于 100 次的论证，

---

① 张利民. 访汶川县映秀镇群众易建平. 映秀镇访谈对象家中，2016 年 10 月 29 日.
② 张利民. 访汶川县卫计委办公室主任张胜. 汶川县民政局，2017 年 7 月 18 日.

不少于 1000 人次的设计；仅一年多时间，一个清雅秀美、花木扶疏的宜居生态园林城市——新北川，便赫然呈现。在汶川，重建后，当地政府专门开发了由震中映秀、水磨古镇、三江生态旅游区组成的纪念性和文化主题景区——汶川特别旅游区。在这里，国家、省市帮扶援建的具有浓郁民族特色的崭新建筑群落，与秀美的自然风光、底蕴深厚的历史文化、浓厚的乡土风情完美地融为一体。仅用了不到三年时间，汶川地震所有灾区就实现了《汶川地震灾后恢复重建总体规划》里确定的重建目标，即"家家有房住、户户有就业、人人有保障、设施有提高、经济有发展、生态有改善"。"在拯救灾难、恢复重建、振兴发展和普惠民生等方面，我国社会主义制度的优越性天地可鉴。"[①]

实实在在的福祉，看得见摸得着的巨大变化，让灾区老百姓切切实实感受到来自党和国家的温暖，让全国人民感受到了党和国家的伟大。爱党爱国、感恩奋进、无私奉献、守望相助、众志成城的精神风貌在中国大地上绵延相传。

3. 有效实现震区可持续发展使抗震救灾精神超越升华

震区，大多属于自然灾害频发、生态脆弱、经济脆弱的贫困山区。震区群众灾后生产生活的极大改善，很大程度上并不是依靠自身的内生力，更主要的是基于大地震后依靠国家和社会大力扶持和帮助的外来力。所以，这些地区的发展和群众生活的改善一开始就带有脆弱性。有些震区由于区位条件差，栽下了"梧桐树"却引不来"金凤凰"，招商引资比较困难。有些震区以重建为契机加快推进城乡一体化发展，虽然基础设施实现了城乡一体化，但城乡社会保障和就业一体化并没有完全实现。对震区失地农民或是身体残疾、年老体衰的人群来说，在没有强大的经济支撑、社会保障以及就业保障的情况下，很容易导致

---

① 刘奇葆. 社会主义制度铸就抗震救灾伟大奇迹[J]. 求是，2011（9）.

生活质量的下降。有的震区贫困程度深的农户因缺乏知识、技能、市场信息等,增收困难。

当前,我国正处于全面建成小康社会的决胜阶段和脱贫攻坚的关键时期。对凤凰涅槃、浴火重生的震区群众来说,更不能让他们历经苦难的心灵,再受到贫困的伤害,也不能让他们已经获得的来之不易的幸福生活,重新失去。习近平总书记曾多次做过指示,"决不能让一个困难地区和困难群众掉队";在党的十九大报告中,他又明确指出,要坚决打赢脱贫攻坚战!"让贫困人口和贫困地区同全国一道进入全面小康社会是我们党的庄严承诺。要动员全党全国全社会力量,坚持精准扶贫、精准脱贫……确保到2020年我国现行标准下农村贫困人口实现脱贫,贫困县全部摘帽,解决区域性整体贫困,做到脱真贫、真脱贫。"党中央脱贫攻坚的坚定决心以及中央统筹、省负总责、市县抓落实的工作机制指针,必然给震区群众极大的信心和鼓舞。让他们深切地感受到,无论何时何地,党永远同人民群众在一起。

当前,各震区党员干部和广大人民群众在当地党委政府的领导下,又掀起了一场继抗震救灾之后的轰轰烈烈的脱贫攻坚大会战。汶川县建立"五个一"、动员"四股力";北川县实行"三三三"模式;青川县坚持"三同步";芦山县实施"四到位、五落实、六精准";玉树州探索建立"1+5+10"扶贫工作机制,等等。万众一心、众志成城、不畏艰险、敢于担当、攻坚克难、勇于胜利的精神气质,在震区又一次被凸显出来,它已经熔铸在震区每一位党员干部和广大人民群众的血液里和灵魂中。虽历经灾难,但就像浸过水的木、淬过火的钢,越发的坚韧昂扬。它升华了伟大的民族精神和时代精神。这种精神不只属于震区,它也将在中华民族的血脉里奔涌流淌、生生不息,成为我们继往开来的强大精神支柱,成为实现中华民族伟大复兴的强大精神动力。

"社会主义之所以能够得到人们的拥护，能够在每一次遭遇曲折后重新展现其生命力，就在于社会主义制度具有优越性。"① 在纪念汶川特大地震十周年之际，以弘扬抗震救灾精神为契机，唱响共产党好、社会主义好、改革开放好、伟大祖国好、各族人民好的时代主旋律，把抗震救灾中的好思想、好作风传播出去，坚定人民群众拥护党的领导的决心，坚定人民群众对中国特色社会主义的信念以及对改革开放的信心，为党和人民事业发展提供强大思想保证和精神支撑。

4.4 文化自信视域中的抗震救灾精神溯源

2016年7月1日，习近平总书记在庆祝中国共产党成立95周年大会上指出："坚持不忘初心、继续前进，就要坚持中国特色社会主义道路自信、理论自信、制度自信、文化自信。"其中，"文化自信是更基础、更广泛、更深厚的自信"。中国的文化自信来源于"在5000多年文明发展中孕育的中华优秀传统文化，在党和人民伟大斗争中孕育的革命文化和社会主义先进文化"，它们"积淀着中华民族最深层的精神追求，代表着中华民族独特的精神标识"②。"文化自信"是一个民族、一个国家以及一个政党对自身文化传统的深刻认知和高度自觉，对自身文化身份、价值的充分肯定和积极践行，对其文化生命力和影响力所持有的坚定信心。③ 习近平总书记提出的关于"文化自信"的新思想、新理论为我们理解和诠释抗震救灾精神的意蕴及其渊源所自提供了新的视角。

---

① 秦宣. 概括提炼社会主义制度优越性的必要性和基本依据[J]. 中国特色社会主义研究，2012（4）.
② 习近平. 在庆祝中国共产党成立95周年大会上的讲话[N]. 人民日报，2016-07-02（2）.
③ 关利平，王学真. 文化自信：走好中国道路的底气所在[N]. 光明日报，2016-12-29（15）.

4.4.1 文化自信视域下抗震救灾精神的文化渊源

每个民族或国家都有其独特的民族文化。由于文化有广义和狭义之分，故民族文化亦有广义和狭义之分。广义的民族文化，是指一个民族在长期的历史发展中共同创造并赖以生存的一切文明成果，包括物质文化、精神文化、制度文化的总和；而狭义的民族文化则专指一个民族的精神创造，它是一个民族在长期的历史发展中经传承积累而自然凝聚的共有的人文精神及其物质体现的总和。本节所说的"民族文化"主要是从狭义上来理解的。可以说，民族文化是一个民族赖以生存发展的根基所在。

民族文化是民族的根，民族精神则是民族文化的魂。民族精神是一个民族在长期的共同生活和社会实践基础上形成和发展起来的，并为民族大多数成员认同和接受的思想品格、价值取向和道德规范。① 可以说，民族精神是民族文化的核心和灵魂，它体现了民族文化的根本特质和深层内涵。因此，民族精神是维系一个国家、民族生存发展的精神根基和内在动力。

汶川地震后，中国亿万人民共同铸就了"万众一心、众志成城，不畏艰险、百折不挠，以人为本，尊重科学"的抗震救灾精神，这种精神是中华民族的民族精神在当代中国的集中展现和高度升华，集中而突出地体现了中华民族民族文化中独特的思想品格、价值取向和道德规范。这种令人赞叹的伟大精神之所以能在地震发生后得以彰显，在无数作为个体的中国人民身上得以具体呈现，并最终汇聚成一曲规模宏大、气势磅礴、感天动地的"交响乐"，这绝非是一个小概率的偶然性事件，而是无数"生于斯、长于斯"的中国人民在中华民族独特民族文化和民族精神的长期熏陶和深刻影响下所做出的必然选择。

换言之，抗震救灾精神的形成源于中华民族民族文化和民族精神

---

① 黄宏. 抗震救灾精神[M]. 北京：人民出版社，2008：55.

的持久涵养，有其深厚的文化渊源和精神底蕴。这种文化渊源和精神底蕴，主要源自"在5000多年文明发展中孕育的中华优秀传统文化，在党和人民伟大斗争中孕育的革命文化和社会主义先进文化"。

4.4.2 文化自信视域下抗震救灾精神的意蕴追溯

1. 中华民族优秀传统文化与抗震救灾精神

优秀传统文化积淀着中华民族最深沉的精神追求，是中国文化发展的母体。抗震救灾精神首先植根于源远流长的中华民族优秀传统文化及其所孕育的独特民族精神的持久涵养。

"万众一心、众志成城"即源自中华民族优秀传统文化和民族精神中对团结协作、无私奉献的追求。在几千年长期发展过程中，中华民族形成了强调团结协作的集体主义的文化传统和民族品格。"人心齐、泰山移""众人拾柴火焰高""三个臭皮匠，顶个诸葛亮"等广为流传的民间俗语形象地反映了这种集体主义价值观。基于这种集体主义价值观，中国传统伦理思想在对待人际关系上，强调重视他人；在对待人群关系上，强调重视群体利益；在对待奉献与索取关系上，强调重视奉献。因此，中国传统文化历来也推崇把国家、民族利益放在首位，为维护国家、民族利益，个人能够让渡乃至舍弃自身利益的高尚品格。北宋名臣范仲淹的千古名言"先天下之忧而忧，后天下之乐而乐"、林则徐说的"苟利国家生死以，岂因祸福避趋之"之所以广为后世传诵、备受国人推崇，关键就在于它表达了中华民族所推崇的先人后己、甘于奉献的精神。

"不畏艰险，百折不挠"则源自中华民族优秀传统文化和民族精神中自强不息、顽强拼搏的基因。一部中华民族的发展史，就是一部敢于抗争、百折不挠的奋斗史。中华民族的先人们在同艰苦自然条件作斗争中、在与现实生存逆境的抗争中，逐步形成了开拓进取、坚忍不拔的拼搏精神。女娲补天、精卫填海、大禹治水、愚公移山等虽是神话传说，但在某种程度上形象地反映了中华民族的先人们自强不息、顽强拼搏的精神。这种精神逐步凝聚、沉淀为一种民族精神，内化到每一位中华儿女的血脉之中。这种自强不息、顽强拼搏的精神和品质始终表现于中华民族发展全过程，并历久弥新。

正是由于中华民族优秀传统文化和民族精神中团结协作、无私奉献和自强不息、顽强拼搏的特质已经融入中华儿女的血脉之中，故而中国亿万人民能在抗震救灾中展现出"万众一心、众志成城"和"不畏艰险，百折不挠"的精神状态，13亿中国人心心相印、血肉相连，共同书写抗震救灾的伟大奇迹。

2. 革命文化与抗震救灾精神

抗震救灾精神的铸就还源于对中国共产党领导中国人民创造的革命文化的继承和弘扬。

在继承中华民族优秀传统文化的基础上，中国共产党在领导各族人民进行革命、建设和改革的历史实践中，创造了鲜明独特、奋发向上的革命文化。其主要内涵包括：马克思主义的科学的革命理论；社会主义、共产主义的崇高理想信念；不怕牺牲、英勇战斗的革命精神；全心全意为人民服务的革命伦理道德，等等。这种革命文化是中华民族优秀传统文化的凝聚升华，是中国共产党和中国人民伟大创造精神的生动体现。

"万众一心、众志成城"是中国共产党领导的新民主主义革命能取得胜利的重要原因，也是革命文化最突出的内涵之一。自1921年成立后，中国共产党就其重视对以工人阶级、农民阶级为代表的广大人民群众的组织和动员。与此前秉持"英雄史观"的政治力量不同的是，中国共产党将广大人民群众而不是少数英雄人物视为推动历史发展的主要力量，并坚信必须充分依靠和动员占中国人口90%以上的下层人民群众,"万众一心、众志成城",方能实现革命成功。中国共产党是这么想的,也是这么做的。从20世纪20年代初发起组织工人运动,到1924年国共合作后组织领导工人、农民运动,再到1927年大革命失败、开始独自领导中国革命后在中国南方各省发动组织农民、进行土地革命,再到第五次"反围剿"失败后被迫进行长征、历经千难万险最终取得长征胜利,都证明了这一点。在抗日战争硝烟弥漫的年代,中国共产党从全民族利益出发,通过多方努力,领导建立了抗日民族统一战线,实现了国共第二次合作,使中国出现了"万众一心、众志成城"的全民族抗战的局面,为中国抗战胜利提供了根本保障。抗战胜利后,中国共产党要求和平、反对战争,要求民主、反对独裁,要求进步、反对倒退,团结了包括国民党内进步人士和民主党派在内的绝大多数中国人,使解放战争最终出现了"万众一心、众志成城",最终赢得了解放战争的胜利。

与此同时,中国共产党也进一步继承和发扬了中华民族吃苦耐劳、不怕困难、敢于牺牲、无私奉献的传统美德,并将其升华为全心全意为人民服,不惜牺牲个人一切,为实现共产主义奋斗终生的新境界,形成和发展为中国共产党人的革命传统。这种光荣传统成为中国共产党能够在大革命时期、土地革命战争时期、抗日战争时期以及解放战争时期赢得人民支持、克服困难、战胜敌人的法宝。

"不畏艰险、百折不挠"是领导中国革命的中国共产党最突出的精神品质,也是革命文化最鲜明的内涵之一。

中国共产党是一个具有远大革命理想的无产阶级政党,它要领导中国人民争取民族独立、人民解放,实现国家富强和人民幸福,必须推翻"三座大山"的压迫,它所面临的革命敌人尤其凶恶,这就要求它必须具备"不畏艰险、百折不挠"的精神品质。而中国共产党最终之所以能够经历千难万险,由小到大,由弱到强,不断取得革命过程中的一个又一个伟大胜利,其中很重要的原因,就是中国共产党形成并保持和发扬了艰苦奋斗、百折不挠的精神。这在 1934—1936 年中国共产党和中国工农红军所进行的长征中表现得最为充分而具体。在长征途中，红军不仅面临着高山、大河、雪山和草地等地理障碍，而且还始终面临着装备了飞机大炮且数十倍于己的敌人的围追堵截，此外，还面临着饥饿、寒冷、伤病和死亡的威胁。红军官兵往往要在数天未进一粒粮食的情况下，不分昼夜翻山越岭，然后投入激烈而残酷的战斗，其英勇顽强和不畏牺牲举世无双。据推算，在中央红军两万五千里的征途上，平均每 300 米就有一名红军牺牲。① 那么，红军将士又是凭着什么东西得以在如此艰难的条件下坚持下来并最终取得长征胜利的呢？"风雨浸衣骨更硬，野菜充饥志越坚；官兵一致同甘苦，革命理想高于天。"答案是明显的，靠的就是不怕牺牲、不畏艰险、百折不挠的革命精神。

中国人民在革命年代形成的"井冈山精神""长征精神""延安精神""红岩精神""西柏坡精神"都体现了不同时期中国共产党人对中华民族"不畏艰险、百折不挠"精神的延续与升华。

3. 社会主义先进文化与抗震救灾精神

抗震救灾精神的形成还源于对社会主义先进文化的继承和弘扬。

在当代中国，社会主义先进文化是指以马克思主义为指导，以培养有理想、有道德、有文化、有纪律的"四有"公民为目标的，面向现代化、面向世界、面向未来的，民族的科学的大众的社会主义文化。社会主义先进文化继承和发扬了中华民族优秀文化传统，是具有中国风格和中国气派的文化，为改革开放和社会主义现代化建设提供了强大精神动力。

"万众一心、众志成城"是在社会主义建设和改革的过程形成的社

---

① 习近平. 在纪念红军长征胜利 80 周年大会上的讲话[N]. 人民日报，2016-10-22（2）.

会主义先进文化的突出内涵之一。

中华人民共和国成立后,中国共产党团结各族人民,经过共同努力,到1952年使国民经济得到了初步恢复和发展。此后,又领导中国人民进行社会主义改造,到1956年,确立了社会主义基本制度,为中国此后的发展奠定了根本政治前提和制度基础。虽然在此后探索建设社会主义道路的过程中,犯了严重错误,但由于中国共产党善于自我反省,敢于自我纠错以及全国人民的团结一心,中国在经济建设、社会发展等方面取得了举世瞩目的成就,并在1978年之后进行了改革开放,开创了中国特色社会主义道路,从而为实现中华民族伟大复兴开辟了光明前景。在60多年来的社会主义建设和改革的进程中,中国共产党和中国人民就是凭着这种"万众一心、众志成城"的精神,战胜了一个又一个困难,渡过了一个又一个难关,取得了辉煌成就。

"不畏艰险、百折不挠"的精神更是社会主义先进文化不可或缺的重要组成部分。中华人民共和国成立后,中国共产党带领中国人民在"一穷二白"的基础上,凭着"不畏艰险,百折不挠"的精神,到改革开放前,经过二十多年的努力,把一个经济文化落后的中国发展成为一个摆脱经济文化落后局面、初步实现工业化的国家。在此过程中,中国共产党和中国人民遭遇了各种严峻挑战,但他们没有被压垮,而是以惊人的毅力和坚韧,一次次战胜各种天灾人祸,一次次浴火重生。例如,在1959—1961年的三年困难时期,中国国民经济遭受到一次较大挫折,但是,中国人民发扬艰苦奋斗的精神,几年之内就把困难基本给解决了。1976年的唐山大地震给当时的中国人民带来了巨大灾难。在灾难面前,中国人民并未被吓到,而是擦干眼泪,撸起袖子,投入到紧张而繁重的抗震救灾中去。最终通过共同努力,在地震后的唐山废墟上,建设了一个更加美好的新唐山。而在改革开放以来,中国人民又以"不畏艰险、百折不挠"的精神,先后战胜了1998年特大洪水灾害,战胜了2003年来势汹汹的"非典"危机,战胜了2008年年初的南方雨雪冰冻灾害，消灭了一个又一个横亘在实现中华民族伟大复兴征程中的障碍。这些灾难不仅没有摧垮中国人民，反而使其"不畏艰险、百折不挠"的精神不断得到锤炼。

"以人为本，尊重科学"，也是社会主义先进文化所倡导的价值导向及其鲜明内涵。在进行社会主义建设和改革的过程中，中国共产党进一步继承和发展了马克思主义"以人为本"的思想。毛泽东认为社会主义公有制的建立，可以为人民主体性的发挥和人的全面发展奠定制度基础，因而主张在生产关系、政治生活等领域不断变革，为人民当家作主、全面发展创造条件。为此，在毛泽东的领导下，中国共产党在经济领域进行三大改造，为中国经济此后的快速发展创造了条件；在政治领域，创建了人民代表大会制度，坚持群众路线，实现了人民当家作主。邓小平则强调："社会主义的本质，是解放生产力，发展生产力，消灭剥削，消除两极分化，最终达到共同富裕"[1]，将解放和发展社会生产力，实现人民的共同富裕视为社会主义的本质。江泽民提出的"三个代表"重要思想强调，中国共产党要始终代表中国先进生产力的发展要求、中国先进文化的前进方向、中国最广大人民的根本利益。这都充分体现了中国共产党"人民至上"的执政理念。

在进行社会主义建设和改革的过程中，中国共产党进一步继承和发展了"尊重科学"的思想。在早期社会主义建设的过程中，中国共产党既有因为"尊重科学"而取得重大成就的经验，如20世纪60年代"原子弹""氢弹"的成功爆炸，也有因为片面强调人的主观能动性而忽视经济发展规律因而犯错误的深刻教训，如"大跃进""人民公社化运动"。正是有了这正反两方面的经验教训，在十一届三中全会上，中国共产党重新将"实事求是"确立为党的思想路线。从哲学上来看，"尊重科学"是"实事求是"的题中应有之义。此后，中国共产党进一步将"尊重科

---

[1] 邓小平文选（第三卷）[M]. 北京：人民出版社，1993：373.

学"的理念提升至重大战略思想的高度,明确将其确立为自己的指导思想,体现为胡锦涛同志提出的"科学发展观"。

抗震救灾精神的形成一方面源于对社会主义先进文化的继承和弘扬,而其本身亦已成为社会主义先进文化的重要组成部分。

4.4.3 抗震救灾精神的彰显提升了中国的文化自信

抗震救灾精神的形成有其深厚的文化渊源和精神底蕴,而抗震救灾精神的铸就和彰显也进一步提升了中国的文化自信。

第一,抗震救灾精神充分体现了中国人民对中国文化中优秀思想品质、高尚价值取向、崇高道德规范的高度自觉和积极践行,充分展示了中国文化的深厚底蕴和强大生命力,极大地提升了中华民族的民族形象。在此次抗震救灾中,中国人民不仅充分显示了泰山崩于前而色不变的大无畏气概,而且充分展现了中华民族坚强自信和团结一致的民族精神。在抗震救灾的过程中,军队和武警官兵飞速前往一线参加救灾工作,亿万中国人民踊跃捐款捐物,许多志愿者奔赴第一线自愿参加抗震救灾工作。对此,外国舆论进行了高度评价。例如,俄罗斯新闻社这样进行评论:"一个能够出动十多万救援人员的国家,一个企业和私人捐款达到上百亿的国家,一个因争先献血、自愿抢救伤员而造成交通堵塞的国家,永远不会被打垮,希望必将与中国同在。"[1]

第二,抗震救灾精神充分展现了中华民族民族精神的强大感召力,极大地增强了中华民族的民族凝聚力。民族凝聚力是一个国家的灵魂。有了民族凝聚力,一个国家就能挺起脊梁,不为任何困难和灾难所压倒。而民族凝聚力的增强与民族精神感召力的强弱紧密相关。在抗震救灾中,中华民族民族精神的强大感召力得以充分展示,中华民族也以实际行动向世界展示了强大的民族凝聚力。地震虽然带来了巨大灾

---

[1] 黄宏.抗震救灾精神[M].北京:人民出版社,2008:9.

难，却进一步凝聚了中华民族的精神和力量。这次抗震救灾既是对中华民族的一次严峻考验，也是中华民族民族精神的强大感召力的一次盛大展示，更是对整个民族精神的一次洗礼和升华。2008年5月19日，清华大学媒介调查实验室公布了"5·12抗震救灾救援大型民意调查"结果。结果显示，有99.67%的受访者认为抗震救灾加强了中国各民族的大团结。①

第三，抗震救灾精神集中展示了改革开放后中国政府和中国人民的新面貌，极大地提升了政府和国家的形象。在抗震救灾中，中国政府采取了全开放、全透明的救援方式。电视台首次全程直播救援行动，让国内外民众能够第一时间直接了解灾区现场的情形和救援队伍的活动。中国政府第一次为普通民众降半旗致哀，第一次设置了三天的哀悼日，第一次决定在某一天的某一时段，全国人民为死难者默哀。这充分展现了经过30多年改革开放的中国，已经具有更开放自信的气度、更宽阔的国际视野和博大胸怀。这不仅赢得了国内人民的赞许，也赢得了国际社会的高度肯定。此次抗震救灾，国家领导人第一时间飞赴灾区，"人民至上"始终贯穿救援全过程，一切工作都围绕救人展开，人民的生命高于一切。中国政府和中国人民的所作所为有力地回击了世界对中国的偏见，使对中国有偏见的西方的"人权论"者们不得不三缄其口。

虽然汶川地震已经过去近十年了，但中国人民在抗震救灾中所铸就的伟大抗震救灾精神却并未"过时"，它已经融入中国人的精神血脉当中，成为推动中国人民实现中华民族伟大复兴事业的强大精神动力。在新的时代条件下，我们要与时俱进，进一步弘扬抗震救灾精神，不断增强中国的文化自信。

---

① 王克群. 抗震救灾彰显中华民族强大凝聚力[EB/OL]. http://theory.people.com.cn/GB/40537/7342365.html.

5 抗震救灾精神的时代价值

抗震救灾精神是伟大民族精神的集中体现和当代发展，是中华民族走向伟大复兴的精神动力之一，具有极为重要的时代价值。本章从党的建设、治国理政、社会主义核心价值体系、思想政治工作、灾区可持续发展、人类命运共同体思想的实现等方面对此进行了进一步挖掘，提出了一些初步的理论观点。

5.1 抗震救灾精神与党的建设

抗震救灾精神生动地体现了中国共产党为人民谋幸福，为中华民族谋复兴的初心和使命，深刻而全面地展现了党的先进性、纯洁性和领导执政能力。抗震救灾精神是新时代坚持党的全面领导的有力支撑，是新时代加强党的建设的重要载体和资源。

5.1.1 弘扬抗震救灾精神，加强党的政治建设

抗震救灾斗争直接检验了我们党的领导水平和执政能力，直接检验了各级党组织的战斗力和广大共产党员的先进性。抗震救灾精神集中体现了新时代党坚定的政治理想信念宗旨，彰显了党坚定的政治立场、政治方向和政治原则，突出体现了"四个意识"的重要性。党的十九大报告指出，政治建设是党的根本性建设，要把党的政治建设摆在首位，要旗帜鲜明地讲政治。抗震救灾精神是新时代推进党的政治

建设的重要载体和资源，弘扬抗震救灾精神对党的政治建设具有现实意义。

其一，增强"四个意识"，坚持党中央权威和集中统一领导。面对突如其来的特大地震灾害，党中央科学决策、统一领导，迅速成立抗震救灾指挥部，各级党委，快速响应、密切配合、周密组织，建立了"上下贯通、军地协调、全民动员、区域协作的工作机制"，开展了"我国历史上救援速度最快、动员范围最广、投入力量最大的抗震救灾斗争"①，形成了伟大的抗震救灾精神。事实证明，坚持党中央权威和集中统一领导，才能形成强大的凝聚力、向心力和战斗力。弘扬抗震救灾精神，增强政治意识、大局意识、核心意识、看齐意识，坚持正确的政治方向，坚持人民利益至上，以国家大局为重，思想行为同党中央保持高度一致，坚定执行党的路线、方针、政策，坚定政治立场，明确政治方向，遵守政治纪律，坚守政治原则，坚持中国特色社会主义道路，自觉维护以习近平同志为核心的党中央的权威。这是新的历史方位中，加强党的建设的必然要求，是确保党的团结统一、高度凝聚的关键所在。

其二，进一步完善和落实民主集中制。民主集中制是党的根本组织原则，是群众路线在党内的具体运用，是规范党内政治生活，加强党内监督，保持良好的政治生态的重要制度保障，是激发党内活力，凝聚党内力量的重要机制。中国共产党自成立以来，一直坚持贯彻民主集中制，既强调集中统一，总揽全局，又强调协调各方，民主开放。在抗震救灾斗争中，党中央始终坚持统一指挥，总揽大局，各级党组织密切配合，认真落实，广大党员、干部积极响应，不畏艰险，百折不挠，勇当先锋，从而铸就了"万众一心、众志成城"的团结精神，"不畏艰险、百折不挠"的拼搏精神等。抗震救灾精神彰显了新时代坚

---

① 胡锦涛. 在全国抗震救灾总结表彰大会上的讲话[N]. 人民日报，2008-10-09（2）.

持民主集中制的现实价值和意义。十九大报告指出："完善和落实民主集中制的各项制度，坚持民主基础上的集中和集中指导下的民主相结合，既充分发扬民主，又善于集中统一。"① 新时代弘扬抗震救灾精神，一是发挥党总揽全局、协调各方的领导核心作用，提高党的领导力、动员力、号召力；二是加强党内民主，将集中统一领导建立在群众路线之上，建立在民主开放、风清气正的政治生态基础之上；三是广大党员切实履行建言献策的义务，尊重和维护党中央的权威。

其三，砥砺积极健康的党内政治价值观，保持和发展党员的先进性。积极健康的党内政治价值观，是党员意识的重要体现，是永葆党员先进性的重要前提。抗震救灾精神鲜明展现了党员的先进性和政治本色，充分体现了广大党员、干部对党忠诚，为党尽职，为民造福的政治担当。抗震救灾中，广大党员积极响应党中央号召，踊跃支援灾区，共缴纳"特殊党费"97.30亿元；② 各级党组织和广大党员、干部，顾全大局，不畏艰险，坚忍不拔，舍生忘死，争当先锋。据统计，灾区共组建了8.2万多个各类党员抢险队、党员突击队，从事急难险重任务，参与党员达110多万人，在从废墟中抢救出的人中有80%多是党员干部群众组织抢救和自救互救出来的。③ 新时代要充分运用抗震救灾精神的丰富资源，增强党员意识，砥砺积极健康的党内政治价值观，弘扬"忠厚老实、公道正派、实事求是、清正廉洁等价值观，坚决防止和反对个人主义、分散主义、自由主义、本位主义、好人主义，坚决防止和反对宗派主义、圈子文化，坚决反对搞两面派、做两面人"④。

---

① 习近平. 决胜全面建成小康社会 夺取新时代中国特色社会主义伟大胜利[N]. 人民日报，2017-10-28（1）.

② 崔鹏. 为地震灾区踊跃捐款 全国4559.7万名党员缴纳"特殊党费"97.30亿元[N]. 人民日报，2010-01-10（11）.

③ 张斌. 抗击汶川地震的"四川实践"与启示[N]. 人民日报，2010-05-31（16）.

④ 习近平. 决胜全面建成小康社会 夺取新时代中国特色社会主义伟大胜利[N]. 人民日报，2017-10-28（1）.

5.1.2 弘扬抗震救灾精神 加强党的思想建设

党的思想建设是党的各项建设的基础，是实现党的核心领导地位的关键。新时代弘扬抗震救灾精神，关键在于运用抗震救灾的丰富资源和成果教育全党坚定理想信念；在于坚持以人民为中心的马克思主义价值立场，切实把握社会主要矛盾变化，切实回应人民的需要和诉求，带领人民实现更加美好生活的愿望；在于坚持理论自信，用党的理论创新的最新成果，即习近平中国特色社会主义思想武装全党，统一党内思想基础，引领社会思想。

首先，坚定理想信念。共产主义的远大理想和中国特色社会主义的共同理想，是中国共产党的崇高追求，是党应对一切挫折和考验的精神支柱，是党的先进性和纯洁性的根本要求。中国共产党自成立以来，扛起马克思主义的旗帜，坚定为中国人民谋幸福、为中华民族谋复兴的初心和使命，带领中国人民在理想之路上前进。在艰苦卓绝的抗震救灾斗争中，坚定的理想信念是党面对突如其来的考验的强大精神支柱，是指导灾区实现跨越式发展的正确向导，是实现"大难兴邦""多难励党"辩证转化的根本动力。抗震救灾精神实质上是理想信念的化身，充分彰显了理想信念的强大力量。在新的历史征程中，弘扬抗震救灾精神就是要借助抗震救灾精神的宝贵资源和载体。例如，抗震救灾英雄模范事迹，应急救援机制建设，灾后重建成果等，通过展览、宣讲、仪式、参观游历等多种形式，教育全党坚定理想信念，不忘初心和使命，团结带领全国各族人民，切实践行党的思想路线，敢于直面挫折，勇于自我反思、自我批评，以永不懈怠的精神状态，带领全国各族人民决胜全面建成小康社会，开创新时代中国特色社会主义事业新局面，实现中华民族伟大复兴的"中国梦"。

其次，坚持以人民为中心的价值立场。立党为公，执政为民，与人民同呼吸、共命运，心连心，实现和维护人民的根本利益，是党的根本价值所在。中国共产党九十多年的建党史，就是一部与民同心，为实现人民对美好生活的向往而不懈奋斗的奋斗史。"5·12"汶川特大地震中，党始终将人民的生命作为最高价值坚守，只要有一线希望就要尽百倍努力；与民同心，想人民之所想，急人民之所急，举全国之力高效做好灾后安置工作，科学规划重建家园。伟大的抗震救灾精神深刻地内含着以人民为中心的价值立场，无论是以人为本、公而忘私的奉献精神，还是患难与共、同舟共济的大爱精神，抑或是实事求是、尊重规律的科学精神等，无不闪耀着马克思主义以人民为中心的价值光辉。无论历史的轨迹走到哪里，无论时代如何变迁，人民永远是历史的创造者，是决定党和国家命运的根本力量。抗震救灾精神以人民为中心的价值立场永远值得坚守，值得弘扬。新时代弘扬抗震救灾精神，就是要植根人民、依靠人民、服务人民，始终保持与人民群众的血肉联系；首先要在思想上切实把握社会主要矛盾变化，切实回应人民的需要和诉求，明确人民日益增长的美好生活需要对党的各项工作及广大党员提出的新要求、新挑战，实现灾区的可持续发展，带领全国人民实现全面建成小康社会的奋斗目标，朝着更加美好的生活而不断奋进；要不断增强思想理论修养，以人民群众的利益为根本导向，自觉抑制各种利益诱惑、价值观冲击和错误思潮的侵袭。

最后，用新时代中国特色社会主义思想武装全党。抗震救灾精神来源于马克思主义，尤其是中国特色社会主义的理论指导，贯穿着马克思主义的立场、观点和方法，深刻体现了坚持理论自信的重要意义。抗震救灾中，中国共产党始终坚持一切从实际出发，尊重规律，尊重科学，积极运用科学思维、系统战略思维、创新思维等指导灾后救援和灾后重建，实现灾区跨越式发展。"5·12"汶川特大地震灾后恢复重建，坚持"以人为本、尊重自然、统筹兼顾、科学重建"[①]的指导

[①] 《汶川特大地震抗震救灾志》编纂委员会.汶川特大地震抗震救灾志（卷十一）[M].北京：方志出版社，2015：47.

思想,"4·20"芦山灾后恢复重建工作,按照"以人为本、尊重自然、统筹兼顾、立足当前、着眼长远的科学重建要求""突出绿色发展、可持续发展理念"①,注重因势利导的发展型重建、因地制宜的生态型重建,"8·8"九寨沟地震灾后重建"把地质灾害的防治作为灾后恢复重建的生命工程""将生态环境修复保护放在首要位置"②。当前,弘扬抗震救灾精神,加强党的思想建设,最根本的就是要坚持理论自信,用中国特色理论体系武装全党,特别是用党的理论创新的最新成果,即习近平中国特色社会主义思想武装全党,统一党内思想基础,引领社会思想。

一是要结合抗震救灾精神,基于不断变化的社会现实,着力开展"不忘初心、牢记使命"的主题教育,帮助全党学习并明确新时代发展中国特色社会主义的总任务、主要矛盾、总体布局、总体战略、总目标等;二是要发扬以人为本,一切从实际出发,尊重科学的抗震救灾精神,弘扬理论联系实际的马克思主义学风,将最新的思想理论与实践相结合,不断推进新时代社会主义事业,不断丰富和创新发展理论。

5.1.3 弘扬抗震救灾精神 加强党的组织建设

习近平总书记在党的十九大报告中强调,坚持和强调党的全面领导,坚持从严治党,给党的组织建设提出了新要求、新任务。新时代弘扬抗震救灾精神,要着眼于加强党的基层组织建设,注重在实践中建设高素质专业化的干部队伍,增强党的组织凝聚力和战斗力。

一方面,党的基层组织是联结基层、团结动员群众的桥梁,是党的路线、方针、政策得以贯彻落实的关键所在,是党的凝聚力、战斗力的基础。面对特大地震灾害,各基层组织紧急动员,组成"党

---

① 习近平就芦山地震抗震救灾工作作出重要指示 以受灾群众安置为中心任务 抓紧开展恢复重建前期工作[N]. 人民日报,2013-05-04(1).
② 九寨沟地震重建总体规划印发[N]. 人民日报,2017-11-02(9).

员突击队""党员抢险队",承担起灾后救援的急、重、险的任务;依托与广大人民群众的紧密联系,有力组织广大人民群众自救互救,落实灾后重建的各项政策,带领人民群众艰苦奋斗,重建家园,充分发挥了战斗堡垒的作用,赢得了人民群众的信任和赞誉。事实再次证明,党的基层组织是战胜一切困难,取得一切胜利的基础。习近平总书记强调:"要以提升组织力为重点,突出政治功能,把企业、农村、机关、学校、科研院所、街道社区、社会组织等基层党组织建设成为宣传党的主张、贯彻党的决定、领导基层治理、团结动员群众、推动改革发展的坚强战斗堡垒。"①弘扬抗震救灾精神,推进党的基层组织建设,首先,要注重运用基层组织及广大基层党员抗震救灾的先进事迹激励人心,教育引导党员发挥先锋模范作用;其次,要在日常生活中践行抗震救灾精神,加强党员的教育管理工作,在组织群众、联系群众、宣传群众、服务群众中发挥党支部的日常化沟通联系、教育引导职能,把人民群众紧紧团结在党组织的周围,形成战胜一切的中国力量。

另一方面,注重在实践中建设高素质专业化的干部队伍,增强党的执政能力。加强党的组织建设,增强党的执政能力,关键在于打造强有力的各级领导班子和领导干部。唯有坚强有力的领导班子和干部队伍,才能在关键时刻勇担重担,形成强大的组织力和战斗力。抗震救灾实践用极为特殊的方式全面检视了党的执政能力,严峻考验了广大党员、干部的先进性和专业素质。抗震救灾精神集中体现了广大党员干部专业能力、优良作风和严明的组织纪律。只有实践才能真正考验人、培养人。新时代弘扬抗震救灾精神,必须注重在实践中,在基层一线培养锻炼干部队伍,让广大年轻干部深入基层,扎根群众,以问题为导向,不断提升自己以适应新时代中国特色社会主义发展

---

① 习近平. 决胜全面建成小康社会 夺取新时代中国特色社会主义伟大胜利[N]. 人民日报, 2017-10-28(1).

要求，不断探索适应社会需求，满足人民群众对美好生活向往需求的领导、管理、组织方式方法，从而在总体上增强党的执政本领。

5.1.4 弘扬抗震救灾精神 加强党的作风和纪律建设

在抗震救灾斗争中，党中央调集各类专家力量，注重全面考察灾情险情，科学制定救援及重建方案、政策，各级党组织，党员、干部快速反应、有效组织、积极协调，与广大人民群众勠力同心，共克时艰，战胜了一切困难，铸就了伟大的抗震救灾精神。这种精神展现了党的优良作风和严明纪律。党的十九大明确将纪律建设列入党的建设的总体布局，并要求"持之以恒正风肃纪"。抗震救灾精神对新时代党的作风和纪律建设提供了有益的启示。

必须增强与人民群众的血肉联系的意识教育。我们党自成立以来，便植根人民、服务人民，党的根基在人民，力量在人民，前途在人民。人民群众是取得一切成就的基础。在抗震救灾中，党始终坚持"以人为本""人民至上"，将人民的生命视为最高价值坚守，坚持人民群众的主体地位，带领人民群众自救互救，动员全国人民积极支持，并将让人民过上更加美好的生活作为灾后重建的根本追求。这些丰富而生动的抗震救灾故事是教育广大党员增强与人民群众血肉联系意识的重要资源。

加强党员对口联系群众和基层调查研究的制度化建设。密切联系群众和理论联系实际，是我党的两大优良作风，二者实际上是相互关联的两个方面。将党员对口联系群众和做好基层调查研究上升为日常化的工作要求，是保持与人民群众血肉联系的制度性保障。灾后救援及灾后重建能够快速高效地完成，离不开基层党员及党组织包片到户，对口联系群众，掌握群众诉求，宣传政策，教育引导。在口述访谈中，许多基层干部都谈到灾后重建做群众工作的不易，但他们总结出灾后重建能够高效快速完成的重要经验又都是"做好群众工作",原曲山镇大水湾村党支部书记唐祖华列举了许多做群众工作的案例,他说"其实为什么我们现在有些地方矛盾这么突出,是因为我们干部脱离群众,他不敢跟群众见面,还有他有私心,私心重,群众不信任你啊"①。原北川县扶贫局王国聪也谈到在拆迁安置阶段做群众工作的困难,他总结了自己的经验就是:"要倾听,首先你要尊重他,在尊重的时候讲道理,按照反证法(来讲)……"②可见,做好群众工作离不开党员、干部与群众的直接联系,倾听群众的声音,了解基层的需要和现状。弘扬抗震救灾精神就是要将这种党员对口联系群众和基层调查研究的工作方式纳入制度化的体系,进行日常化的考评和管理。

巩固和拓展整治党风成果,强化纪律教育和纪律执行。历经近百年的风雨挫折,党带领着人民群众于风雨中前行,于挫折中奋起,靠的就是理想信念的支撑,靠的就是优良的作风和铁的纪律。抗震救灾精神是党的革命精神的传承,是新的历史时期时代精神的延展。特大地震灾害,瞬间将人民置于苦难之中,将国家、政党、民族置于严峻的危机考验之下,正是多年以来传承的党风党纪,让中国共产党迅速担起了带领英雄的中国人民走出苦难,重建家园,再塑中国精神的大任;正是在实践中切实厉行全面从严治党,惩治腐败,让人心终归于中国共产党。以芦山地震为例,其灾后恢复重建启动1年以后,四川各级纪委发出整改通知160余份,提出监察建议17份,否决了19个不符合条件的应急工程,立案查处贪污、截留、浪费重建资金等涉灾违纪案件35件。③在十九大报告中,习近平总书记强调要巩固拓展落实中央八项规定精神成果,继续整治"四风"问题;要坚持开展批评与自我批评;要加强纪律教育,强化纪律执行,让党员、干部知敬畏、

---

① 胡子祥.访原曲山镇大水村支部书记唐祖华.北川县投资促进局,2017年8月16日.
② 雷芳.访北川县农办王国聪.北川县农办,2017年8月15日.
③ 立案查处芦山地震涉灾违纪案件35件[N].人民日报,2014-07-21(11).

存戒惧、守底线，习惯在受监督和约束的环境中工作生活。① 新时代弘扬抗震救灾精神，就是要切实贯彻落实十九大精神，持之以恒正风肃纪，增强党的先进性和纯洁性，增强党面对考验、应对危机的能力，确保党始终成为中国特色社会主义事业的坚强领导核心。

综上，新时代弘扬抗震救灾精神对加强党的建设具有丰富而深刻的价值。新时代、新征程中，加强党的建设，要牢固树立党的领导核心地位，以政治建设为统领，加强党的集中统一领导，坚定理想信念，切实把握社会主要矛盾的变化，明确人民的需要和诉求，从思想建设、组织建设、作风建设、纪律建设和制度建设多方位加强党的建设。要把党建设成为永葆纯洁性、先进性，充满凝聚力和战斗力的朝气蓬勃的马克思主义执政党。

5.2 抗震救灾精神与治国理政

抗震救灾实践是对国家治理能力，对党的执政理念和能力的严峻考验，抗震救灾精神在实践中产生，集中反映了治国理政的思想理念、战略布局、战略目标。弘扬抗震救灾精神，是对治国理政思想理念、战略布局、战略目标的有效坚持和发展。

5.2.1 弘扬抗震救灾精神，推进实现中华民族伟大复兴的进程

弘扬抗震救灾精神，为实现中华民族伟大复兴，全面建成小康社会，开启全面建设社会主义现代化国家新征程提供强大动力支持。

其一，抗震救灾精神为坚持和发展中国特色社会主义提供现实依

---

① 习近平. 决胜全面建成小康社会 夺取新时代中国特色社会主义伟大胜利[N]. 人民日报，2017-10-28（1）.

据。中国特色社会主义是抗震救灾精神的基础和渊源，是实现中华民族伟大复兴的必由之路。在抗震救灾斗争中，基于中国特色社会主义不断发展的成果，尤其是改革开放以来在经济、社会、文化等方面取得的成就，社会主义的优越性进一步显现，社会主义、集体主义、爱国主义精神的力量迸发，为抗震救灾精神的产生提供了强大的物质技术和社会基础。抗震救灾精神归根结底是在中国特色社会主义的道路、理论、制度、文化的大格局中应运而生，其产生和形成过程用现实再一次雄辩地证明，只有中国特色社会主义才能发展中国，只有中国特色社会主义才能让人民拥有更加美好的生活，才能实现中华民族的伟大复兴。这就为当前坚持和发展中国特色社会主义提供了现实依据。新时代弘扬抗震救灾精神，就是要高举中国特色社会主义的伟大旗帜，不忘为人民谋幸福，为民族谋复兴的历史使命，发扬万众一心、众志成城的团结精神，不畏艰险、勇往直前的拼搏精神等抗震救灾精神，不断开拓进取，勇于创新，以永不懈怠的精神状态为实现中华民族伟大复兴的宏伟目标而砥砺奋进。

其二，抗震救灾精神是坚定文化自信，发展中国特色社会主义文化的有力依托。"没有高度的文化自信，没有文化的繁荣兴盛，就没有中华民族的伟大复兴。"① 抗震救灾精神全面而深刻地展现了中国特色社会主义文化的内涵和品格，是新时期，党领导人民在特殊的抗震救灾实践中形成的极具民族文化特征、革命特色、时代内涵的社会主义先进文化，是当前坚持中国特色社会主义文化发展道路，建设社会主义文化强国的有力依托。弘扬抗震救灾精神，推动社会主义文化繁荣发展，一是要坚持以马克思主义为指导，强化马克思主义意识形态。抗震救灾精神的形成和发展离不开马克思主义的指导，新时期面对多元化的社会文化思潮，同样必须坚定马克思主义指导，推进马克思主

---

① 习近平. 决胜全面建成小康社会 夺取新时代中国特色社会主义伟大胜利[N]. 人民日报，2017-10-28（1）.

义中国化、时代化、大众化，创新传播手段和方式，增强主流意识形态的引领力和影响力。二是要扎根优秀的传统文化，坚守中华文化立场。抗震救灾精神之所以具有深厚的社会基础，焕发出强大的社会影响力，正是因为其扎根优秀传统文化，发扬了自强不息、勤劳勇敢、坚忍不拔、感恩、奉献、团结互助等民族精神。这些抗震救灾精神的内涵及载体都是新时期传承和创新发展优秀传统文化，培育和践行社会主义核心价值观的重要内容、载体。三是要立足当前中国现实，回应人民的需要，不断拓展抗震救灾精神的时代内涵，创新和发展具有时代内涵、满足人民需要的精神文化。

其三，抗震救灾精神促进国家民族认同，凝聚团结奋进的精神动力。抗震救灾精神深刻体现了中国精神、中国价值、中国力量、中国气魄，屹立成为国家、民族团结奋进的精神丰碑。在抗震救灾斗争中，民族精神得到洗礼，政党能力受到检阅，国家展现出负责任的大国形象，受到国际社会的赞誉。这一方面极大地增强了人民群众的国家、民族认同感；另一方面提升了我国的国际社会地位。在决胜全面建成小康社会，夺取新时代中国社会主义伟大胜利的历史背景下，弘扬抗震救灾精神是促进国家民族认同，凝聚团结奋进的精神动力的重要举措。要运用抗震救灾精神资源加强社会主义核心价值观培育，切实巩固全党全军全国各族人民团结奋斗的共同思想，形成为理想信念而努力奋进的思想动力；要基于抗震救灾中所形成的国家、民族、政府、政党认同感，进一步了解并回应人民群众的切实需求，为实现全面建成小康社会，全面深化改革等各项战略目标奠定群众基础，为坚忍不拔、锲而不舍，奋力谱写社会主义现代化新征程的壮丽篇章提供动力。

5.2.2 弘扬抗震救灾精神，不断提高党的执政能力

新时代，弘扬抗震救灾精神，要把握好我国社会主要矛盾转变为

人民日益增长的美好生活需要和不平衡不充分的发展之间的矛盾，面对国内政治、经济、文化、社会、生态建设等各方面的新挑战，面对国际社会的风云变化，必须不断提高党的领导能力和执政本领。

首先，总结经验提升能力。面对突如其来的地震灾难考验，党中央及各级党委迅速反应、科学决策、有效协调，广大党员干部积极投入，舍生忘死，无私奉献，体现了党在执政过程中历练出的优秀领导能力和执政本领。汶川地震抗震救灾是党集中领导、统一指挥、多方协调的典范。弘扬抗震救灾精神，提高党的领导能力和执政本领，一是要深刻总结抗震救灾中党的领导成功经验，增强党应对突发事件和掌控社会主义现代化建设各项事业局面的能力水平，如集中统一，总揽大局，上下贯通，全民动员，区域协调机制等；二是要发扬抗震救灾中的高度团结统一、拼搏奉献的精神，用抗震救灾精神所体现的爱国主义、社会主义和集体主义价值等主流意识形态凝心聚力，增强"四个意识"。

其次，强化学习提高本领，掌握科学的思想方法和工作方法。中国共产党始终坚持，并领导广大人民群众在抗震救灾实践中深入践行马克思主义立场、观点、方法，最终赢得了抗震救灾的巨大胜利，铸就了伟大的抗震救灾精神。社会主义现代化建设新征程中，党的领导将面对更加复杂的局面，必须要加强学习马克思主义理论，形成做好各项工作及应对复杂局面的科学思维方法和工作方法，以应对决胜小康社会，全面深化改革中的困难和挑战，胜任领导全面建设社会主义现代化国家的重任。

具体而言，一是要积极运用矛盾分析法，准确认识我国社会主要矛盾的变化，及我国基本国情和国际地位的定位，抓住社会发展中的不平衡、不协调等矛盾，解决人民最迫切、最关心的问题；二是要提高战略思维、历史思维、辩证思维、创新思维、底线思维能力，积极运用科学思维方法是抗震救灾精神形成的有力保证。抗震救灾中，党中央科学决策，统筹协调全局，做好充分的灾情应急预案，积极运用救灾历史经验，科学规划重建，注重灾区跨越式、可持续式发展等，体现了党的领导的科学思维方法。弘扬抗震救灾精神要坚持科学的思维方法，提高党认识问题、分析问题、解决问题、总揽大局、协调各方的能力。

最后，在实践中强化落实，把握党的领导主动权。各级党委政府、党员干部对党中央的号召、政策等的积极响应、认真贯彻是取得抗震救灾及灾后重建各项重大成效，形成抗震救灾精神的前提保障。弘扬抗震救灾精神，一方面，要牢记"空谈误邦，实干兴国"，发扬勇于担当，拼搏奉献、感恩奋进、坚忍不拔的抗震救灾精神，坚持以人民的利益和幸福为根本，确保始终与人民群众想在一起、干在一起，要勇于攻坚克难，扎实努力、锲而不舍地做好各项工作，始终为实现人民的幸福美好生活而不懈奋斗，做出经得起时间历史检验，能获得人民群众认可的成就。另一方面，要加强监督，督导落实。抗震救灾灾后重建中，强化监督检查，确保灾后重建各项政策的落实，保证灾后重建的质量。严格执行国家新的抗震设防标准，建立健全安全质量监督检查制度，中央纪委、监察部牵头成立中央抗震救灾资金物资监督检察工作领导小组，审计部门开展了有史以来最大规模的审计工作。①

5.2.3 弘扬抗震救灾精神坚持以人民为中心的执政理念

以人民为中心是抗震救灾精神秉持的根本价值立场。"人民立场是中国共产党的根本政治立场，是马克思主义政党区别于其他政党的显著标志。"②新时代弘扬抗震救灾精神，应当坚定以人民为中心的价值立场，坚持以人民为中心的执政理念，为人民的幸福美好生活而不懈奋斗。

---

① 《汶川特大地震抗震救灾志》编纂委员会. 汶川特大地震抗震救灾志（卷十一）[M]. 北京：方志出版社，2015：129.
② 习近平. 在庆祝中国共产党成立95周年大会上的讲话[N]. 人民日报，2016-07-02（2）.

其一，始终把人民对美好生活的向往作为奋斗目标。抗震救灾精神闪耀着"以人为本、人民至上"的价值光辉，始终坚持"以百姓心为心"，与人民群众同舟共济。抗震救灾中，党和政府始终把人民的生命当作党的各项工作最高价值坚守，带领人民群众自救互救，重回生活正轨，重建美好家园，续写美好人生。灾后恢复重建努力建设人民安居乐业，和谐美好的新家园，坚持以解决民生问题为导向，妥善安排孤残生活，优先恢复教育、医疗等公共服务设施和基础生活设施；将灾后恢复重建与推进工业化、城镇化和社会主义新农村建设、扶贫开发紧密结合，与主体功能区建设和产业结构优化升级，保护民族文化遗产，促进灾区生态环境尽快恢复并不断改善紧密结合，努力实现灾区跨越式、可持续发展。如今震区跨越式发展和百姓的幸福生活是我党始终将人民对美好生活的向往作为奋斗目标的真实写照。新时期，弘扬抗震救灾精神，首先要在思想上"不忘初心，牢记使命"，始终把人民对美好生活的向往作为奋斗目标，想人民之所想，急人民之所急，与人民同呼吸，共命运，与人民群众勠力同心，决胜全面建成小康社会，开启全面建设社会主义现代化国家新征程；其次要在实践中，把党的群众路线贯彻到治国理政的全部活动之中，尊重人民群众，相信人民群众，依靠人民群众，切实从人民群众的现实需要出发，解决好人民最关心、最迫切的问题，积极调动人民群众的积极性和创造性，让人民群众享有更多的权利，获得更多的幸福感、获得感。

其二，明确新时期我国社会主要矛盾是人民日益增长美好生活的需要和不平衡不充分的发展之间的矛盾。积极运用唯物辩证法思想指导抗震救灾是赢得抗震救灾实践巨大胜利，形成伟大抗震救灾精神的法宝。应急救援阶段，明确"救人是当务之急"的主要矛盾，党中央果断决策，科学指挥，开启救援速度最快、动员范围最广、投入力量最大的抗震救灾斗争，最大限度地挽救了受灾群众生命，最大限度地减低了灾害造成的损失。灾后恢复重建阶段，牢牢抓住民生问题，以民生为先，切实解决好灾区人民群众最为关心的住房安置，生产恢复，就业帮扶，医疗、教育等公共服务设施建设等问题。抓住主要矛盾才能切中要害，统领全局。习近平总书记在十九大报告中明确指出，中国特色社会主义进入新时代，其中最重要的标志就是"我国社会的主要矛盾转化为人民日益增长的美好生活需要和不平衡不充分的发展之间的矛盾"①。新的历史方位中，弘扬抗震救灾精神，必须坚持抓主要矛盾，牢牢把握我国社会发展主要矛盾的变化及其所导致的全局性、历史性变化，明确主要矛盾的变化对党和国家工作所提出的新要求、新挑战。努力实现均衡协调发展，促进区域和城乡协调发展，实施乡村振兴战略，补齐农业现代化的短板，实现教育、医疗等资源配置的平衡，满足人民群众对优质资源的需求等。

其三，坚持在发展中保障和改善民生。抗震救灾取得巨大胜利离不开改革开放后经济、社会的飞速发展。汶川地震之时正值改革开放30周年之际，一系列的投入和救援措施及效果是1976年唐山地震之时无法达到的。抗震救灾的伟大胜利以特殊的方式检视了改革开放以来我国发展的巨大成就。国家有强大的经济实力确保救灾及灾后恢复重建的物质、设备等资源供给，科技的进步为挽救灾区人民的生命起到了重要作用；全国人民是经济发展的利益享有者，对改革开放的经济成就普遍认同，人民有能力有意愿响应党举国救援的号召，援助灾区人民。因此可以说，发展是抗震救灾精神形成的重要保证，弘扬抗震救灾精神，就是要坚持在发展中不断保障和改善民生。"发展是党执政兴国的第一要务，是解决中国所有问题的关键。"②当前我国仍然处在社会主义初级阶段的基本国情没有变，仍然是世界上最大的发展中国家的国际地位没有变，但面对我国经济发展的新常态，世界经济

---

① 习近平. 决胜全面建成小康社会 夺取新时代中国特色社会主义伟大胜利 [N]. 人民日报，2017-10-28（1）.

② 习近平. 在庆祝中国共产党成立95周年大会上的讲话 [N]. 人民日报，2016-07-02（2）.

发展的转型及科学发展的格局变化，必须坚持以经济建设为中心，促进经济发展方式和经济结构调整，积极推进供给侧改革，坚持"创新、协调、绿色、开放、共享"新发展理念，坚持在发展中保障和改善民生。

5.2.4 弘扬抗震救灾精神推进国家治理体系和治理能力现代化

国家治理体系、治理能力及党的执政能力的提升是取得抗震救灾伟大胜利，形成抗震救灾精神的重要保障。新时代弘扬抗震救灾精神，就是要坚持推进国家治理体系和治理能力现代化，全面增强党的执政本领。

其一，解放思想，破除思想观念束缚，勇于开拓创新。抗震救灾精神是不畏艰险、勇往直前、开拓进取、勇于创新的拼搏精神，抢险救灾、灾后恢复重建无一不贯穿着这种精神气魄。抢险救灾中，面对前所未有的救援困难，各级干部、党员攻坚克难，迎难而上，坚忍不拔；灾后恢复重建时间紧任务重，各级党委政府带领广大干部群众积极创新资金筹措模式，将政府的引导作用和市场配置资源的作用有机结合，创新开拓出原址重建、统筹重建、统规统建、开发重建、异地安置等重建模式。要推进国家治理体系和治理能力现代化，首先要破除各种不合时宜的观念束缚。当前，改革进入纵深阶段，面对重重阻力，弘扬抗震救灾精神，就是要发扬不畏艰险、坚忍不拔，开拓进取，勇于创新的拼搏精神，敢于、善于解放思想，破除旧思想、旧观念对深化改革，推进国家治理体系和治理能力现代化的阻碍，不断创新和发展有利于促进社会公平正义，增进人民福祉的新思想和新实践。

其二，坚持以人为本，尊重科学，构建系统科学的制度体系，坚持依法治国，依法执政。始终坚持以人为本，尊重科学，坚持科学执政，依法执政离不开，形成统一高效的组织领导体系，科学系统的规划体系，全面细致的政策扶持体系和全方位的监管体系，是抗震救灾取得巨大胜利的重要经验。在汶川特大地震中，修订了《中华人民共和国防震减灾法》，制定了我国首个地震灾后重建专门条例《汶川地震灾后恢复重建条例》，颁布了《自然灾害救助条例》，制定和完善了一大批救灾和灾后重建工作规范与管理办法，抗震救灾和恢复重建资金管理办法等，及时向社会公布资金物资使用、工程进展等情况，使恢复重建全面接受群众监督。①

当前，推进国家治理体系和治理能力现代化是全面深化改革，完善和发展中国特色社会主义制度，实现社会主义现代化的必然要求。弘扬抗震救灾精神推进国家治理体系和治理能力的现代化，一方面，国家治理体系和治理能力的现代化要坚持以人为本，始终以"以促进公平正义、增进人民福祉为出发点和落脚点"，要敢于"突破利益固化的藩篱"；另一方面，要尊重科学，从实际出发，改变权责不当、职能错位等问题，善于"吸收一切人类文明的有益成果"，学习西方先进有效的治理理论和经验，系统科学地构建规范有效的体制机制、法律法规，增强党、国家、社会各项治理的体制化、程序化、规范化程度，提高科学执政、依法执政、民主执政效能。

其三，尊重人民的主体地位，坚持民主执政。人民是历史的创造者，是一切力量的源泉。要充分尊重人民的主体地位，始终相信人民，依靠人民，服务人民。在汶川特大地震抗震救灾中，运用了协商式民主、议事型民主等多种民主科学的决策机制，通过广泛民主参与极大调动人民抗震救灾的积极性，形成了民主科学的决策参与机制。例如，"坝坝会""板房夜话"等协商式民主形式改变了自上而下的决策程序，让群众意见得以充分表达；"一事一议""一执行一监督"，议事型民主减少了矛盾和纠纷；村庄重建规划、民居设计图纸供居民讨论选择，

---

① 温家宝. 汶川地震灾后恢复重建座谈会上的讲话[N]. 人民日报，2011-05-10（2）.

增加了人民满意度。可见，民主开放是形成"万众一心、众志成城"团结精神的重要基础。党的十九大报告指出，"坚持人民当家作主"是贯彻落实新时代中国特色社会主义思想的基本方略之一。新时代，弘扬抗震救灾精神，就是要不断创新民主参与机制，健全民主制度，丰富民主形式，拓宽民主渠道，完善"从群众中来，到群众中去"的科学领导、决策方法，要重视基层群众民主参与制度建设，用群众的方式解决群众的问题，保证人民当家作主落实到国家政治和社会生活之中。

其四，动员社会力量，加强和创新社会治理机制。社会治理是现代国家治理体系的重要组成部分，完善高效的社会治理机制是国家治理体系、治理能力现代化的重要体现和内在要求。在汶川地震抗震救灾中，进行广泛社会动员，全力调动各方救灾力量。发扬"一方有难，八方支援"的优良传统，建立了"一省帮一重灾县"的对口支援机制；中国侨联、中国红十字会、中华慈善总会等各类社会组织在资金募集、恢复重建、职业技能培训和中介服务等方面发挥了重要作用，民间组织比以往显示出更大的活力，成为政府救灾的有益补充；广大志愿者通过开展社会调查、心理抚慰、扶危济困等多种方式为灾区无私奉献；港澳台同胞、海外侨胞倾情支持灾区学校、医院、民房、社会福利交通等恢复重建。① 此外，社会企业发扬社会责任意识，积极为抗震救灾及灾后重建提供人力、物力支持，为推进灾区产业发展，群众就业等提供了平台。

党的十九大明确指出要"提高改善民生水平，加强和创新社会治理""要打造共建共享的社会治理格局"。新时代弘扬抗震救灾精神，一方面，从着眼民生，增强党和政府的社会动员力，创新动员方式方法，充分引导利用社会力量，完善教育、就业、医疗等社会服务体系；另一方面，要加强社会治理制度建设，与社会密切协同推进社会治理社

---

① 《汶川特大地震抗震救灾志》编纂委员会. 汶川特大地震抗震救灾志（卷十一）[M]. 北京：方志出版社，2015：129.

会化,将社会治理问题积极转化为执法司法问题,推进社会治理法治化,积极运用现代智能科技推进社会治理智能化、高效化,运用大数据等技术促进社会治理的标准化、精准化、专业化。

总之,弘扬抗震救灾精神是新时代,在治国理政治新的实践中砥砺奋进,开拓进取,推进社会主义现代化建设各项事业,实现中华民族伟大复兴的中国梦,实现各项战略目标的题中之义。

5.3 抗震救灾精神与社会主义核心价值体系

2016年习近平同志在纪念唐山大地震40周年之际视察唐山时,称赞唐山是一座英雄的城市,对于抗震救灾精神,他特别强调:"我们今天要继续弘扬抗震精神,为实现全面建成小康社会奋斗目标、实现中华民族伟大复兴的中国梦注入强大精神力量。"①

抗震救灾精神是中国共产党团结和带领中国人民在同地震灾害的斗争和灾后恢复重建的伟大实践中铸就的一种文化精神,是社会主义核心价值体系的集中体现。在新时代推动中国特色社会主义事业的不断发展中,弘扬和发挥这一伟大时代精神,更好地构筑中国精神、价值和力量,不仅对地震灾区恢复重建和可持续发展具有重大现实意义,而且对决胜全面建成小康社会,实现中华民族伟大复兴的中国梦提供精神指引。

5.3.1 抗震救灾精神的内涵与社会主义核心价值体系之间的内在一致性

改革开放以来,中国人民在一次次与地震灾害斗争中所铸就的抗

---

① 习近平在河北唐山市考察[EB/OL]. http://www.xinhuanet.com/politics2016-07/28/c_1119299678.htm.

震救灾精神,无论是"公而忘私、患难与共、百折不挠、勇往直前"的唐山抗震精神,还是"万众一心、众志成城,不畏艰险、百折不挠,以人为本、尊重科学"的汶川抗震救灾精神,抑或是"同心同德、自信自强、科学高效、人民至上"的芦山抗震救灾精神,以至于由"迎难而上、挑战极限、大爱同心、众志成城、以人为本、生命至上、心系国家、心系人民"所共同构成的玉树抗震救灾精神①,乃至"大爱同心、坚韧不拔、挑战极限、感恩奋进"的鲁甸抗震救灾精神②,所内蕴的抗震救灾精神的基本理念和价值内核,无不与社会主义核心价值体系的思想理念相契合。它深刻地彰显了社会主义核心价值体系的思想内涵。

1. 抗震救灾精神中的团结精神理念

在各次抗震救灾中所铸就的患难与共、万众一心、众志成城,所彰显的同心同德、大爱同心等这些精神状态和面貌,作为对抗震救灾和灾后恢复重建所取得的成功经验的深刻总结,鲜明地彰显着团结这一重要精神。面对突如其来的地震灾害,全党、全军、全国各族人民,包括广大海外中华儿女在内,各行业、各领域、各条战线的组织和力量,万众一心、众志成城,患难与共、同心同德,齐心协力,积极主动参与到抗震救灾这场伟大的斗争中,尽一切努力挽救灾区的生命和财产,力求将地震灾害的损失降低到最小。在灾后的恢复重建中,发扬全国、全省一盘棋的作用,创造了举国救灾和对口支援恢复重建的高效的中国特色救灾模式。抗震救灾精神中的团结互助精神理念,彰显了社会主义的本质和优越性。抗震救灾中的团结互助,不仅是中华民族的传统美德在社会主义新时代的继承和发扬,也是我国人民当家作主的社会性质优越性的鲜明体现。

无论是灾区人民还是非灾区人民,作为国家与社会的主人,都平

---

① 张生寅. 玉树抗震救灾精神的思想内涵、特征及意义[J]. 青海社会科学,2010(4).
② 伟大的抗震救灾精神在这里闪烁光芒[EB/OL]. http://news.163.com/15/0906/21/B2S3BDR600014AEE.html.

等地享有国家赋予的政治经济文化等各项权益，都应共同地享有改革发展带来的社会文明成果。无论是社会主义现代化建设新时期，还是在新时代坚持和发展中国特色社会主义的伟大事业，人民对美好生活的向往和追求是其奋斗目标，建设富强、民主、文明、和谐、美丽的社会主义现代化强国，实现中华民族的伟大复兴，作为国家和民族的理想和奋斗目标，以一种整体的、宏大的视野来统摄、体现个体（每一个中国人）的利益和奋斗目标，具有强大的社会凝聚力和感召力，从而也成为激发全国各族人民在抗击各种自然灾害的斗争中团结拼搏的原动力，而这种凝聚团结的原动力，根源于中国特色社会主义的共同理想和共产主义远大理想的召唤与指引。因而，抗震救灾精神中的团结精神理念，其本质是社会主义本质和集体主义精神的体现。

2. 抗震救灾精神中的自强精神理念

中华民族自诞生以来，就逐渐形成了自强不息、厚德载物的优良传统和文化基因。这一优秀文化基因在当今中国继续延存着，并指导着人们思想意识和行为活动，同样在抗震救灾的伟大实践斗争中，也是取得抗震救灾和灾后重建胜利的重要因素之一，并从文化因素方面塑造和内构着抗震救灾精神的丰富内涵与时代特色。抗震救灾精神中的自强精神理念，可以从救灾和治灾的各个方面体现出来。自强不息的文化精神在地震中表现为，灾区群众进行积极的自救，表现在救援中百折不挠、迎难而上、勇挑极限的斗争精神和意志；也表现为在地震灾害面前，灾区群众勇往向前、自信坚强的乐观精神状态；还表现为万众一心、众志成城、同心同德和大爱同心的以团结内聚力量、争取胜利的顽强生命意志。

地震发生以后，许多地震灾区变成了孤岛、孤城。但这里的灾民并没有垂头丧气，或者消极被动地等待救援力量的到来，他们在基层党组织和政府的带领下，努力开展自救，充分发挥灾区可用的一切资源和力量,充分利用了地震灾后的黄金救援期,尽最大努力挽救了灾区人民群众的生命和财产;被掩埋在废墟里的众多被困群众,强忍着疼痛、饥饿和寒冷,与死神作殊死斗争,创造了一个又一个生命奇迹;地震之后,余震还在不时地发生,灾区群众便开始清理废墟和着手选址筹划重建房屋,并积极努力恢复生产。当地政府各部门也在积极谋划灾区产业的恢复和转型升级,灾区人民在遭受经济、生命和财产的重创下,并没有气馁,相反,在经历短暂的悲痛后,灾区人民很快获得了新生,尤其是经过灾后快速恢复和重建,灾区人民的生产和生活发生质的飞跃。事实上,尽管汶川特大地震灾害后,我们得到国际社会在人、财、物和技术等方面给予的大力支持和帮助,但是,中国的抗灾抢险和灾后重建的繁重任务的完成主要是依靠灾区自身力量独立自主和发挥全国人民团结协作的结果。中华民族的自强自尊自信这一优秀传统文化基因同样内蕴于我们党倡导和坚持的社会主义核心价值体系之中,并成为我们建设中国特色社会主义文化的优良基因之源。包括自强不息、厚德载物在内的优秀传统文化基因是我们坚持文化自信尤其是坚持价值自信的重要依托资源,通过创造性转化和创新性发展,有助于更好地构筑中国精神、中国价值、中国力量,为决胜全面小康和实现中华民族的伟大复兴提供精神指引。

3. 抗震救灾精神中的大爱精神理念

突如其来的地震爆发之后,地震灾区的生命和财产,灾区人们的生产、生活,社会发展遭受重大破坏和损失,祖国大好河山被地震撕裂。面对地震灾害,全国人民掀起了一场生死时速的以大爱为主题的抢险救灾运动和以爱为旗帜的治灾运动。这种大爱的精神理念,既有灾区群众在地震发生后为保护和营救被掩埋在废墟里的生命的亲人之爱、邻里之爱、同学之爱、师生之爱、同事之爱,领导和对下属的爱;也有广大官兵、武警战士、消防人员和医务人员英勇参与救灾中对灾区百姓的爱，对人民的爱，包括对自己职业岗位的坚守和挚爱；全国各地人民踊跃为灾区捐款、捐助救灾物资，体现了人民群众对灾区的关爱，对中华民族的爱；还有从党中央国务院到灾区的各级地方党委和政府快速反应、高效指挥，有力地组织和调度各种救援力量，体现的是我们党、政府对灾区人民的关心和厚爱；还有灾区群众对我们党和国家实施紧急救援、灾后的迅速恢复，并取得重建胜利的感激和发自内心的爱党爱国之情。

所有这些在救灾和灾后重建中所呈现的可歌可泣的有关爱的故事，无疑与我们倡导和培育爱国、敬业、友善等核心价值相契合，正是这种以爱的纽带凝结起全国各族人民团结奋战于抗震救灾和灾后重建的伟大力量，也正是这种爱的力量，汇聚和支撑中华民族虽然历经大灾大难却依然挺拔起不屈脊梁的磅礴力量。

4. 抗震救灾精神中的科学精神理念

如果说，全国人民万众一心、众志成城的团结合作，发扬大爱同心的仁爱精神，百折不挠、勇往直前的乐观自强精神，是我们战胜地震灾害的重要主观因素和作为抗震救灾精神的内在构成因素，那么，在抗击地震灾难和灾后恢复与重建中，发扬科学精神，尊重科学规律，依赖和凭借先进的科学技术和手段，进行科学救灾治灾，是我们夺取抗震救灾胜利和迅速实现灾后重建的重要客观条件，同时也是抗震救灾精神的内在组成部分。抗震精神深刻内蕴着科学理性精神。抗震救灾中，党中央和国务院集中指挥，统一部署，合理调配，分工协作，责任落实，为抗震救灾的有条不紊、高效进行提供了领导组织保证；卫星遥感与卫星导航设备、遥感技术和航空遥感飞机、海事件卫星电话、生命探测仪等各种先进技术和设备的充分利用，为抗震救灾的顺利开展立下了汗马功劳；手术台上救治遇难的最新治疗方法，灾后重建中心新建城镇和灾民安置房的选址与规划，灾区经济的恢复和产业的转型升级,以及教育、医疗、卫生和各项社会事业的恢复和发展,都充分地体现着科技赈灾和治灾的关键作用。科学与技术既是我们人类认识自然和改造自然的手段,也是推进社会发展和进步的重要力量,作为人类肢体和智力的延伸系统,为抗震救灾提供了强大的物质技术支撑,体现了我们党和政府实事求是、尊重规律、依靠科学来认识自然和社会,把握世界的理性维度,而这种科学的真理维度最终又是以我们党的宗旨和执政目标为归属的,即一切以灾区人民的根本利益为出发点和落脚点。

科学与理性作为抗震救灾精神的内在组成部分,也是我们坚持社会主义核心价值体系,从理念转化为现实的必然要求。在社会主义核心价值体系中,马克思主义理论提供方向指导,为核心价值体系提供思想基础,并规定理论体系的前进方向;核心价值体系的实现和落地生根,转化为国家治理和社会建设的一种价值现实关系,就必须依靠和发挥科学理论与技术的强大支撑作用。因此,无论是作为党和国家的根本指导思想的社会科学——马克思主义及其马克思主义中国化的最新成果,还是揭示和反映自然规律的各门具体科学,充分发挥其科学理性对坚持核心价值体系和从理念到现实转化的指导作用,既从思想理论上维护这个价值体系的逻辑性和合理性,又从现实上实现从理想转变为一种国家和社会治理的现实状态的可能性、可行性,这是我们坚持和建设社会主义核心价值体系的内在精神理念的题中应有之义。

5.3.2 抗震救灾精神是发展社会主义先进文化的必然结果

社会主义核心价值体系作为社会主义意识形态的本质体现,它是"兴国之魂",作为中国特色主义文化的核心内容,从党的十六届六中全会文件首次提出"建设社会主义核心价值体系"这一概念,到党的十八大进一步提出"'三个倡导',积极培育和践行社会主义核心价值观",再到党的十九再次明确提出将"坚持社会主义核心价值体系"作为新时代坚持和发展中国特色社会主义的基本方略之一，经过十多年理论和实践上的建设和发展，尤其是党的十八大以来，我国思想文化建设取得重大进展，"马克思主义在意识形态领域的指导地位更加鲜明，中国特色社会主义和中国梦深入人心，社会主义核心价值观和中华优秀传统文化广泛弘扬，群众性精神文明创建活动扎实开展"[1]。抗震救灾精神作为中国人民自中华人民共和国成立以来，特别是改革开放以来，中国人民在中国共产党的团结带领下抗击地震灾害和灾后重建的伟大实践中所凝铸的一种时代精神与风貌、一种思想精神成果，它的形成本质上是我们党和人民深入推进社会主义核心价值体系建设的必然结果，鲜明地展现了社会主义核心价值体系的思想内涵，成为新时代社会主义核心价值体系的集中体现。

1. 抗震救灾精神传承了优秀传统文化的精神品格

抗震救灾精神是新的历史条件下中华民族和中国人民精神风貌的最新写照，同时实现了对中华民族优秀传统文化和党的革命文化在新的时代条件下的继承和创新。这一精神承续了中华民族传统文化的优良品格，把中华民族精神在新的时代条件下升华到一个全新的高度。在五千多年的历史发展长河中，中华民族积淀了厚重的文化底蕴，以源远流长、博大精深而著世。中华民族自古就有讲仁爱、重民本、尚和合、求大同的社会美德和政治理想，确立了中华文化精神"厚德载物，自强不息"的精髓，形成了以爱国主义为核心的伟大民族精神。从儒家提倡统治者要实行"仁政"和"德治"，到墨家主张"兼相爱，交相利"，再到兵家《孙子兵法》曰"将者，智、信、仁、勇、严也""'以人为本'的人本思想和以和为贵的整体和谐思想，是中国文化精神的两大哲学基石"[2]。正是在这些文化精神的基石上，中国传统文

---

[1] 习近平. 决胜全面建成小康社会取得新时代中国特色社会主义伟大胜利[M]. 北京：人民出版社，2017：4.
[2] 王东. 重提张岱年的中华文化精神观[N]. 北京日报，2015-10-26（20）.

化的仁爱、自强、忠勇、尚和、大同等这些精神品质,被中华民族儿女代代相传,并塑造了无数中华优秀儿女,他们身上的可歌可泣的故事和优秀品质激励着我们奋勇前行。这些也正是中华民族在历经沧桑而锐气不减,经历大难磨炼而越挫越勇,保持生生不息的活力源泉。

2. 抗震救灾精神赓续了革命文化的优秀品质

"中国共产党人始终是中国优秀传统文化的忠实继承者和弘扬者。"① 毛泽东同志提出:"从孔夫子到孙中山,我们应当总结,继承这一份珍贵的遗产。这对于指导当前的伟大的运动,是有重要的帮助的。"② 在挽救民族危亡和实现民族独立与国家富强的时代主题召唤下,新文化运动以后,以毛泽东为首的中国共产党人以民族复兴己任,高擎民族精神的火炬,在总结和吸取前人革命经验教训基础上,立足中国国情和革命实践,将马克思主义基本原理与中国国情相结合,建立先进的无产阶级革命政党,作为两个先锋的代表(中国工人阶级的先锋队、中国人民和中华民族的先锋队),组建无产阶级革命军队,并掌握和控制在自己的政党下。正是在新民主主义理论的指引下,发挥广大党员的模范先锋作用和革命战士的严守纪律、顾全大局、英勇善战和勇于牺牲的精神,推翻了压在人民头上的三座大山,中华人民共和国最终成立,从此人民生活在水深火热的苦难境地一去不返,"彻底结束了旧中国一盘散沙的局面"③。事实上,从新民主主义革命成功的根源来看,无论是我们党的"三大法宝",抑或是党的三大作风,还是毛泽东思想"三个活的灵魂",其中群众路线、统一战线和独立自主都鲜明地体现了中华传统文化重民本、尚和合、自强不息等精神品格。

---

① 习近平. 在纪念孔子诞辰 2565 周年国际学术研讨会暨国际儒学联合会第五届会员大会开幕会上的讲话[N]. 人民日报,2014-09-25(2).
② 毛泽东选集(第二卷)[M]. 北京:人民出版社,1991:534.
③ 习近平在庆祝中国共产党成立 95 周年大会上的讲话[EB/OL]. http://cpc.people.com.cn/n1/2016/0702/c64093-28517655.html.

因而可以说，中国共产党人在探索中国革命道路中所创造的革命文化和革命精神，既继承了传统文化的优秀基因，又结合革命实践赋予了新的内涵。随着社会主义建设道路探索的推进，中华传统文化和党的革命文化在新时代条件下，必将得到与时俱进的发展与创新，并培育和发展出社会主义先进文化的新形态。

3. 抗震救灾精神是中华民族精神在新的时代条件下升华的最新成果

共产党不仅是中华民族精神的继承者和弘扬者，而且还是时代精神的培育者。中国共产党带领人民群众在社会主义建设道路探索和成功开创的中国道路中，塑造了一系列的时代精神，诸如"大庆精神""雷锋精神""焦裕禄精神""两弹一星精神""载人航天精神""抗洪精神""抗非典精神""抗震救灾精神""改革创新精神"，包括党提倡和弘扬的社会主义和谐文化与社会主义核心价值观，它们是各历史阶段下不同行业与领域时代精神的集中体现。这些丰富多样的社会主义先进文化新形态，尽管名称各异，都有各自的鲜明内涵和独特的精神标识，但总体上看，这些精神形态又存在共同之处，具有一定内涵的相似与重叠。这些共同之处在于它们都不同程度地延续了传统化文化的精神内核，或接续了党的革命文化精神，并都有机地融入了爱国主义、集体主义和社会主义本质内核。同时，这些新形态文化不仅表征着各时代不同行业与领域的中国人民的精神面貌与气质，成为不同时代下凝聚中华民族团结向上的精神之魂，并指引着全党、全国人民在探索和成功开创中国特色社会主义道路的精神动力。

抗震救灾的成功及其所凝铸的伟大抗震救灾精神，作为中国人民在坚持走中国特色社会主义道路上发展和培育的一种全新时代精神，一种全新的社会主义先进文化形态，它是中华民族精神在新的时代条件下升华的最新成果，并赋予其新的时代内涵。万众一心、众志成城，体现的不仅是传统文化仁爱、尚合的精神要素,更突显了中华儿女的爱国情怀。不畏艰险、百折不挠,不仅内蕴着传统文化自强不息、厚德载物的精神基石,更彰显了革命文化中不怕牺牲、英勇斗争、听从指挥的革命文化精神。关于以人为本,它将儒家的仁政治国思想和大同的社会理想升华为在社会主义新制度下长期执政的中国共产党谋求治国理政的先进核心理念。从党和政府做出"只要有一线希望,就要作出百倍努力"的庄严承诺,发出"我们要不惜任何代价先救人"的最高指示,到经过三年的重建和恢复,灾区基本实现"家家有房住、户户有就业、人人有保障、设施有提高、经济有发展、生态有改善"的目标,灾区发生了脱胎换骨的变化,这一切表明我们党立党为公、执政为民的初心与执政理念得到继承与发扬,党始终与人民风雨同舟、生死与共,始终把实现好、维护好、发展好最广大人民群众根本利益作为出发点和落脚点的根本政治立场得到鲜明体现。人民作为国家的主人,平等共享改革发展成果的社会主义的本质要求,在党和政府、灾区群众在共同抵御地震灾害和灾后恢复重建的实践中得到深刻体现,实现了党性和人民性的有机统一。尊重科学,体现了我们在开创中国特色社会主义道路上,坚持实事求是,尊重客观规律,实现科学救灾,科学规划灾区重建,实现灾区人民与产业、社会和生态的健康、协调、可持续发展。

5.3.3 弘扬抗震救灾精神,坚持社会主义核心价值体系

习近平总书记在党的十九大报告中阐述新时代中国特色社会主义思想的内涵之七"坚持社会主义核心价值体系"方面,明确做出如下表述:"文化自信是一个国家、一个民族发展中更基本、更深沉、更持久的力量。必须坚持马克思主义,牢固树立共产主义远大理想和中国特色社会主义共同理想,培育和践行社会主义核心价值观,不断增强意识形态领域主导权和话语权,推动中华优秀传统文化创造性转化、

创新性发展，继承革命文化，发展社会主义先进文化，不忘本来、吸收外来、面向未来，更好构筑中国精神、中国价值、中国力量，为人民提供精神指引。"① 为适应新时代更好坚持和发展中国特色社会主义的伟大事业，我们应该充分用活、用足、用好抗震救灾精神这一社会主义先进文化资源，从而为推进"四个伟大"，构筑中国精神，凝聚中国价值和中国力量，提供丰足的精神养料。

1. 大力宣传抗震救灾中的英模事迹，为坚持社会主义核心价值体系营造出良好的社会环境和舆论氛围

无论是坚持社会主义核心价值体系，还是培育和践行社会主义核心价值观，都离不开一定的社会环境和良好的精神氛围。抗震救灾英雄模范们所表现出的英勇顽强精神、公而忘私的奉献牺牲的高贵品质和团结奋发的精神面貌，是当下中国人民精神风貌的最新写照，作为中华民族精神和时代精神在经历了锤炼后的又一次迸发与升华，反映了进步的中国人的前进方向和崇高的道德境界。抗震救灾中的英雄模范事迹作为精神载体，所承载的恰是我们党和人民所追求的主导价值观，反映了人民的根本利益和价值趋向，这与社会主义核心价值体系的内在本质相契合，因而大力宣传抗震救灾中的英雄模范事迹与坚持社会主义核心价值体系所需要的环境氛围两者有着一致的目标和共同任务。

由此，适逢汶川特大地震十周年纪念日的特殊日子，通过进一步把汶川地震、玉树地震、芦山地震、九寨沟地震等这些大地震中涌现的无数先进人物及其英雄事迹宣传到全国各地、各行业、各领域，使抗震救灾英雄模范事迹在社会范围内得以深入广泛的流传，其承载的精神品质在人们心间留下深刻的印记，从而为建设和坚持社会主义价

---

① 习近平. 决胜全面建成小康社会取得新时代中国特色社会主义伟大胜利[M]. 北京：人民出版社，2017：23.

值体系营造出良好的社会环境和精神氛围。因而，抗震救灾英雄模范事迹不仅要在党内宣讲，让每位党员刻骨铭心；要在校园传颂，进课堂，让学生铭记在心；而且要深入社区、下基层，进企业，使抗震救灾精神入百姓头脑，留工人心间。宣传抗震救灾中的英雄模范事迹，最关键的是宣传思想战线，责任尤为重大、任务十分艰巨。我们要广泛发挥各种渠道的宣传作用，并有效利用好各种载体的传播功能，尤其是充分利用好各种新媒体平台，以灵活生动高效的方式把抗震救灾英雄模范事迹贯穿到理论武装、新闻出版、广播影视、思想道德、文学艺术、哲学社会科学等工作的实践中，从而酿造出一种和谐健康的社会环境，培育出积极向上的精神氛围，为坚持社会主义核心价值体系，促使其落地、生根提供丰沃的精神土壤。

2. 将抗震救灾精神融入社会主义核心价值体系研究，增强社会主义核心价值体系的文化自觉

抗震救灾精神是我们在建设社会主义核心价值体系，努力发展社会主义先进文化的条件下，在抗击地震灾害的实践中所取得的一种精神成果。它作为坚持和建设社会主义核心价值体系的成果体现，在新的历史机遇下的一种新发展，将其纳入社会主义核心价值体系研究之中，这既能丰富核心价值体系的内涵和增强其时代感，又能把抗震救灾精神提升到一个更高的层次来审视和看待。核心价值体系的认同从其构内容看，包括对马克思主义为指导的社会主义意识形态的认同，对共产主义远大理想和中国特色社会主义共同理想的认同，对社会主义核心价值观的认同和践行，对中国传统优秀文化创造性转化和创新性发展的坚持与认同，以及对革命文化和社会主义先进文化的认同与弘扬，本质上是对我们党和国家的认同，对中国共产党领导下的中国特色社会主义的道路、理论、制度和文化的自觉与认同，特别是通过对社会主义核心价值体系的建设和坚持，以社会主义的价值体系在理论和实践上的自觉自信，推动中国特色社会主义文化的建设，从而进一步增强中国特色社会主义"四位一体"的自觉自信，以更好地坚持

和发展新时代中国特色社会主义这一伟大事业。从另一个角度看，核心价值体系的坚持和认同，也包括对来自基层和民间的各种先进思想与力量的认同，即把集中反映人民根本利益和价值趋向的问题上升到国家层面。

核心价值体系的认同，从其路径上看，大致包括两条相对而又相辅相成的路线：一是党和政府自上而下的贯彻和执行。这主要体现为社会主义核心价值体系融入党和国家的领导方式、执政方式、治理方式。其中，党和政府科学高效的组织领导作用和各级党组织的战斗堡垒作用，尤其是以代表党和国家意志的党员干部的中流砥柱作用和模范先锋作用的发挥，推动党的领导科学化、民主化和法治化，提升国家治理体系和治理能力的现代化，从而使核心价值体系认同自上至下的路径得以顺利开辟。二是民间和基层大众自下而上的拥护和对核心价值体系所内蕴的价值目标的吁求。而来自基层和民间的各种力量在抗震中所表现出的积极向上、自信坚强的一面，所呈现的思想道德风貌，同样符合和顺应了党和国家倡导的核心价值体系的本质和趋势。因而，从群众和民间到国家的自下而上的价值吁求认同路径也应得以顺畅。所以，来自基层群众和民间的积极力量及其代表的根本利益追求和承载的价值目标应该成为建设和坚持社会主义核心价值体系的内在组成部分，融入社会主义核心价值体系研究之中，通过统筹推进"五位一体"总体布局、协调推进"四个全面"战略布局，五位一体的发展战略，"四个全面"战略，着力保障和改善民生，"使人民获得感、幸福感、安全感更加充实、更有保障、更可持续"①，从而使其对核心价值体系认同的基础更广泛、更牢固，其行为更深入、更持久。

3. 深刻领会抗震救灾精神内涵，弘扬抗震救灾精神，自觉践行社会主义核心价值体系

在全社会范围内弘扬抗震救灾精神，以此指导各行各业的实际工

---

① 习近平. 决胜全面建成小康社会取得新时代中国特色社会主义伟大胜利[M]. 北京：人民出版社，2017：23.

作,实质是理论向实践的又一次飞跃,是将精神转化为物质的又一个能动作用过程。这种从理论向实践的飞跃和将精神转化为物质的过程同建设社会主义核心价值体系从观念到现实是一个殊途同归的过程。"建设社会主义核心价值体系,是一个从实践到理论、从理论到实践的双向转化过程,是在建设中转化、在转化中建设的过程。"① 这种转化最关键的是通过对核心价值体系的认同,在心中内化为一种牢固的信仰,成为在现实生活中忠实践行核心价值体系的自觉行动者,并使核心价值体系在全社会中成为一种可行的、普遍的价值规范与准则。所以,弘扬抗震救灾精神,对于我们每个国人来说,就是在深刻领会它的深层底蕴,把握好它与其他相关事物的本质关系的基础上,把抗震救灾精神内蕴的各种核心价值理念切实地贯穿到工作、学习、生活之中,深入持久地传承抗震救灾精神,以此来推动核心价值观的落地生根。

为此,我们应从以下几方面入手:

首先,以中国特色社会主义共同理想为指引,树立起适合自身情况,与国家、民族和时代相符合的职业理想与人生目标。共产主义远大理想和中国特色社会主义共同理想,既是中国共产党人的精神支柱和政治灵魂,也是凝聚全国各族人民团结奋斗的统一的思想基础。个人理想只有符合国家和民族需要才能变成现实。"历史告诉我们,每个人的前途命运都与国家和民族的前途命运紧密相连。国家好,民族好,大家才会好。"② 不仅人生不能无理想和信仰,而且人生的理想与价值,都是在社会关系中实现和体现的。无论是灾区同胞,还是全国其他各行业、各领域的工作者,过上有理想有追求的生活,这才是生命的本真价值与意义,否则就算忙忙碌碌,也会漫无方向,无所作为。

---

① 颜晓峰. 促进社会主义核心价值体系的实践转化[J]. 党建,2007(6).
② 习近平. 习近平谈治国理政[M]. 北京:外文出版社,2014:36.

其次，要以一种百折不挠的意志和不畏艰险的勇气去面对人生道路上的各种困难与挫折。特大地震灾害中我们都能挺立住，生活的曲折和事业上的困难，又能算什么呢？所以我们要以一种昂扬向上、开拓进取的精神去拥抱生活，投身于本职工作，开创出新的伟业。

再次，要以一种谦和、友善、团结的心态来处理人际关系。人世间每个生命都弥足珍贵，在社会主义国家的大家庭中，每个人也应该是平等的。在抗震救灾中，有街头残疾乞讨者倾囊相助的感人捐赠画面，更有为了抢救和保全他人的性命，宁愿牺牲自己也在所不辞的英雄壮举。在现实中与同事、同学、邻里相处，乃至与陌生人相处，为什么我们不能和以处众、宽以待人呢？

最后，必须坚持以一种科学的世界观和方法来指导我们的工作。无疑，抗震救灾中科学理论的指导作用和先进技术设备的广泛应用为我们取得胜利提供了有力保障。今后我们在决胜全面建成小康社会和实现中华民族伟大复兴的前进道路上还会遇到各种风险与困难，这需要我们以求实的态度和科学的方法来应对，仍需要发挥马克思主义的科学性和真理性的价值作用，充分利用科学技术的最新成就，以此为指导来提高我们党的领导水平和执政能力。当前，要坚持以马克思主义及其中国化的最新成果——习近平新时代中国特色社会主义思想来指导我们救灾、治灾和防灾工作。尤其是灾后的重建工作，推动灾区可持续发展、防止灾区返贫，助力灾区决胜全面建成小康社会的如期完成，要以学习宣传贯彻党的十九大精神和习近平新时代中国特色社会主义思想为契机，深刻领会十九大精神要旨，学深悟透习近平新时代中国特色社会主义思想的新理念、新论断、新战略，立足各行业、各领域、各岗位的实际工作，用心贯彻好、落实好，以此开创新时代中国特色社会主义事业的新局面。

5.4 抗震救灾精神与大学生思想政治教育工作

每个民族都有自己的精神传承,每一代人都有一些特别难忘的精神记忆。随着时间的推移,汶川地震、玉树地震、芦山地震等那一幕幕山崩地裂、满目伤情而又气壮山河、感天动地的场景将逐渐成为历史。但这一系列重大社会事件所带来的感动与感悟、所蕴涵的价值追求和文化力量将会永远地沉淀下来,成为一种超越时空的精神食粮,不断滋养我们的精神世界。当前,我们应当高度重视抗震救灾精神资源的教育功能,切实抓住新时代加强和改进新形势下高校思想政治工作的重要机遇,掌握好思想工作的时、势、效,通过典型事例和感人事迹的教育,让大学生深切感受到党和国家的伟大、人民的伟大,直观感受到社会主义制度的优越性,加深对坚持走中国特色社会主义道路的必然性的理解,牢固树立中国特色社会主义共同理想,坚定社会主义必胜的信念和信心,感受到作为一名中国人的光荣与责任,为决胜全面建成小康社会和实现中华民族的伟大复兴的中国梦而努力奋斗。

1. 审时度势,丰富教育内容,突出爱国主义教育、社会主义教育,增强思想政治教育的时代性

"伟大的事业孕育伟大的精神。"[1] 无论是发生在四川汶川的"5·12"特大地震,还是芦山地震,抑或是发生在青海的玉树地震,甚至发生在云南鲁甸的地震,它们都给地震发生地及其周边的区域造成了不同程度的破坏,不仅使灾区人民瞬间失去亲人和家园,遭受了巨大的生命和财产,而且也使地震区的经济发展、社会建设等各项事业深受影响。泱泱中华大江南北、长城内外 56 个民族组成的 14 亿炎黄子孙在党中央、国务院的坚强领导下,和衷共济,勠力齐心,全力

---

[1] 胡锦涛. 胡锦涛庆祝神六圆满成功大会上重要讲话全文[EB/OL]. http://scitech.people.com.cn/GB/25509/53955/53957/3891833.html.

援助灾区的团结友爱真情，灾区人民在残酷无情的灾难中，自救互救表现出的挑战生命极限的不屈精神和患难与共的手足之情，以及无数战斗在抗震救灾一线的救援人员不畏艰险、奋不顾身、舍己救人的人道大义，充分展示了中华民族在国难当头的危急时刻所爆发出的生生不息、无往不胜的凝聚力。在上述抗震救灾的奋战过程中，中华儿女用鲜血和勇敢所铸就的伟大抗震救灾精神，是我们在抗洪抢险、抗击非典、抗击冰雪灾害等斗争之后的民族精神的又一次传承和应接，是五千年中华民族传统文化积淀的凝结与深化，它作为中华民族"厚德载物，自强不息"的传统精神在当今生动的体现，赋予了民族精神以全新的内涵和时代特征。"人民是民族精神的创造者，也是民族精神的被熏陶者。"① 抗震救灾充分展现了中国人民强大的凝聚力和向心力，凸显了前进的中国人民昂扬奋发的精神风貌，这一宝贵的精神财富必将鼓舞和激励着全国人民继续奋勇前进。

针对近年来中国地震频繁发生的现实，在纪念汶川特大地震十周年和芦山地震五周年之际，充分利用抗震救灾在全国所营造的团结奋发向上的气势和氛围，抓住有利时机在当前和今后一段时间在大学生群体中宣传好抗震救灾的英雄人物和可歌故事，尤其是汶川地震以来在灾区和各地支援灾区中涌现的先进人物和感人故事，在弘扬抗震救灾精神中，提升大学生对民族的自信心和认同感，在对党中央科学决策、统一部署救灾，坚强领导，党和国家领导人亲临一线指挥救援、慰问和鼓舞灾区人民所展示出的"全心全意爱人民，鞠躬尽瘁为人民"的"执政为民"理念的认识中，增强我们对党的认同和对国家的忠诚；在对抗震救灾和灾后重建中全党全军全国各族人民万众一心、众志成城，患难与共、群策群力，团结协作、共克时难所昭彰的社会主义集中力量办大事的优越性的体认中，进一步强化对社会主义、集体主义

---

① 颜晓峰，季明，等. 彰显中国特色社会主义伟大力量[N]. 人民日报，2008-06-02（11）.

的热爱和拥护；在对那些灾区受困同胞所表现的挑战生命极限的抗争精神和为了保护他人的生命而宁肯牺牲自我的献身精神思考中，懂得生命的弥足珍贵和感悟人生的价值真谛。爱国主义教育作为思想政治教育的重点，以爱国主义为核心的民族精神既是社会主义核心价值体系的重要内容之一，也是我们进行大学生思想政治教育的主要内容。在纪念汶川地震十周年之际，及时有效地利用好抗震救灾这一题材，对大学生着重开展民族精神教育和集体主义教育，高扬爱国主义旗帜，能够牢固树立大学生中国特色社会主义的共同理想，进一步坚定社会主义和共产主义的信念，增强中华民族的伟大复兴必然实现的信心，从而自觉成为担当民族复兴大任的时代新人而勤奋学习，不懈奋斗，由此赋予思想政治教育内容新的时代内涵。此外，加强对大学生的生命教育，恰当地利用地震灾区众多生死的故事和典型案例，引导他们对"何以生？""为何而生？"等问题的思考，明白生命的责任与价值，进而倍感珍惜生命。从而开辟出新的教育领地，注入高校思想政治工作新鲜血液，激活思想政治工作的传统与惯势，开辟新时代下大学生思想政治工作的新气象。

2. 顺应形势，创新教育形式与载体，充分利用抗震救灾中涌现的先进人物及典型案例，增强思想政治教育的有效性

灾难是一场生死时速的较量。在多次地震灾害的艰苦磨炼和考验中，中华儿女以民族特有的毅力和勇气夺取了抗震救灾和灾后重建中的一个又一个伟大胜利。"任何困难都难不倒英雄的中国人民！"[1] 地震灾害爆发不久，党和国家主要领导人果断决策，及时采取行动；十万多的人民解放军、武警战士和广大消防员冲锋陷阵，冒着生命危险日夜奋战在地震区；来自四面八方的救援队、志愿者和医疗人员，风

---

[1] 孙承斌．"党和政府一定会帮助灾区人民渡过难关"——胡锦涛总书记在四川特大地震灾区什邡市看望慰问受灾群众和救援人员[N]．人民日报，2008-05-19（1）．

尘仆仆不远万里赶来，立即投入大救援的行动中，默默付出、无私奉献；全国各地的人民强忍悲痛坚守在各自岗位，踊跃捐献救灾物资；企业职工加班加点地工作，以实际行动在后方积极地支援灾区；港澳同胞、台湾同胞、海外华人，心系祖国，踊跃捐赠支援灾区，满腔热忱地报效祖国。无论是全国人民和衷共济的抗震救灾的惊天动地感人场面，还是全中华儿女顽强拼搏在抗震救灾一线的英雄人物，抑或是全国各地的人民大众以各种方式在后方积极支持灾区的义举，一幅幅雄壮的赈灾的感人画面，一个个可歌可泣的先进集体和模范人物的感人事迹，无不是一部部教育和激励广大人民的生动教材，它深深地镌刻在人民心中，不断考量着人们的心灵和锤炼着人民的灵魂，并不断地把抗震救灾推向前进，引向新的胜利。

抓住纪念汶川地震十周年这个有利时机，充分利用好抗震救灾和灾后重建中涌现的鲜活题材，创新教育形式、载体和方法，也是我们当前创新思想政治工作的难逢机遇。高校作为传承文明、创新科技、培养人才的社会有机体的重要组织，在感知社会、与人民同呼吸共命运的境遇中，密切关注社会热点，紧跟时代步伐，既是当代大学的神圣使命与职责，也是有效开展大学生思想政治教育，促进大学生全面和谐发展的必然要求。以抗震救灾为主题的鲜活题材，采用灵活多样的方法和手段，为我们开辟新的教育渠道和载体，摆脱方法简单、形式单一的被动教育局面，创新思想政治教育的新模式提供了历史机遇。通过让学生参加抗震救灾英模事迹报告会，参观抗震救灾和灾后重建十年成就新闻图片展，聆听抗震救灾先进人物和灾区群众的参与抗震救灾的回忆故事，全面深刻地体认中华民族在抗震救灾过程中所展示的党和国家主要领导体察民情爱惜民力的"人本"情怀、党员干部身先士卒的模范作用、仁义之师义无反顾的豪壮、白衣天使呵护生命崇高无私的博爱、人民教师舍生取义的悲壮、广大志愿者慷慨救援的无私奉献、人民大众"一方有难，八方支援"的团结友爱，从而培育他们浓郁的爱国之情，促使他们志存高远、报效祖国的坚定意志；调动他们志愿参加抗灾救灾的积极性，亲赴灾区做实地调查研究，了解灾区人民的生活疾苦，认识到自然灾害的深重和灾后恢复重建工作的艰巨，激发他们热爱人民之情和增强他们勇挑重任的责任之心；组织他们到地震灾后恢复和重建区实地考察，对各地的地震纪念馆的实地参观，通过对地震发生前后和震后恢复重建前后的时空对比，切实感受地震灾后恢复和重建前后的变化，特别是感受灾区恢复重建后，人民生产和社会生活呈现的新面貌、新气象，从而深刻感受社会主义集中力量办大事的优越性，深化对社会主义本质的认识；鼓励他们撰写纪念抗震救灾十（五）周年的心得感悟，甚至让他们参与到地震灾区脱贫的治理和防灾减灾的各类科研课题中来，并承担力所能及的一些工作，为灾区恢复和可持续发展出力献策，等等。如果采取这些措施，拓展出新时代大学生思想政治教育的新途径、新模式，那么，切合时代主题、适应社会需要的思想教育新形态必将呈现，大学生思想政治教育的说服力和吸引力将得到进一步提高，新时代下大学生思想政治教育的实效性也必然增强。

3. 因势利导，建立应对突发事件的思想政治工作的预警机制，健全思想政治教育工作的体系和机制，提高思想政治工作的针对性

灾难不可怕，可怕的是人们在面对灾难时的畏惧和无措。汶川特大地震爆发以来，面对突如其来的地震灾害，党和国家领导人坐镇指挥，运筹帷幄，立即启动紧急预案，在灾后第一时间成立抗震救灾指挥部，紧急调动国家兵力和国家救灾支持队奔赴灾区，号召全国人民和组织地方各级政府参与到抗震救灾的战斗中去；十万子弟兵八仙过海奔赴灾区，各显神通，各级党员干部临危不惧，身先士卒、积极投身抗震救灾现场，工作在后方的广大人民强忍悲怆，带着对灾区的默

哀与祈祷，在各自岗位干好本职工作。与此同时，坚强不屈的灾区人民，在遭遇家园毁坏和丧失亲人的痛苦之下依然奋起互救和自救，与国家抗震救灾支援队一同奋战在灾区第一线。他们经受住了地震的严峻考验，在强烈余震中没有丝毫的畏惧和退缩，从残壁断橼中甚至是用徒臂和双手刨除出了那些深埋在废墟中的遇难者和幸存者。然而，地震这种自然灾害的特殊性，难以预测性和强烈的破坏性，它的波及面广、破坏程度大，甚至特大地震发生后，余震还会不时发生，致使灾区人们产生了一定程度的恐慌和不安，这种情况也不同程度地在灾区的大学生群体中存在着。这固然与我们高校在应对突发事件的应急措施得力与否有关，也与学生自身在面对突发事件中的抗风险能力和心理承受能力密切联系。

地震在余震中将会逐步退去，灾害带来的创伤和恐慌却深刻地印记在人们的脑海中。地震灾害有力地检验了灾区各级地方政府和各企事业单位在应对突发事件中的管理能力和处置能力，也给各高校学生管理工作带来深刻的启示。因此，各高校尤其是灾区各大学主管学生工作的领导和相关部门要深刻总结应对自然灾害的经验教训，冷静地反思和总结在各次大地震灾害中学生思想政治工作的不足，查找在应对自然灾害和各类突发事件中组织和管理学生工作的漏洞，弥补不足，因势利导地应对地震灾害和各类突发事件的工作队伍，建立健全应对自然灾害和各类突发事件的领导机制和工作机制，制定出应对诸如地震、洪涝、风暴、非典等之类的突发事件的思想政治教育工作的预警体系与应对机制，教育和引导大学生树立起危机意识和忧患意识。其中，包括面对突发事件的紧急避险、有效自救的避险预演机制及安全转移和安置的救助机制，对突发事件的发生、发展以及相应危害等信息的及时传播与公开的信息发布机制，在突发事件中党委统一领导和有关职能部门密切配合、齐抓共管的安全责任管理机制，突发事件中维护学生学习、生活、娱乐及休息的后勤保障体系，应对突发事件中学生的恐慌和烦闷的心理干预与疏导机制，突发事件中如何有效发挥党团组织以及学生干部模范先锋作用的机制，以及动员广大学生在突发事件中勇于担当志愿者和号召学生积极捐助支援灾区的动员激励机制。建立与完善以上预警体系与机制，健全起思想政治教育工作在突发事件和非常时期的运行机制，增强大学生的危机意识和突发事件中的应对能力，实现教育与管理相结合，解决思想问题与解决实际问题相结合，使思想政治教育面向学生，贴近生活，提高教育的针对性，有效发挥其在突发事件中维护稳定、凝聚力量、社会动员的作用与价值。

4. 乘势而上，把抗震救灾精神教育引向深入，让新时代大学生成为弘扬抗震救灾精神的重要力量，保持昂扬的精神状态，投身共筑中国梦的伟大实践

危难凝聚人心，更激励人心。地震灾害的爆发，如一块巨大的磁石顷刻之间把全国人民迅速集结起来。历次抗震救灾中的每一件事情、每一个人物无不迁动着13亿中国人民的心。全国人民与灾区同胞心连心，同呼吸、共命运。在抗击汶川地震灾害中，当救灾官兵冒着强烈的余震、泥石流，背着60余公斤的器材和各种给养，徒步翻山跋涉90多公里的山路，把生的希望和全国人民援助的暖流带给断绝音信数日的受灾群众时，人们无不为人民子弟兵勇往直前的顽强精神所惊叹和折服；当人民教师在营救学生中以自己的血肉之躯支撑起爱的羽翼护卫学生时，人们无不为他的舍己为人的高尚师魂而钦佩和悲切，当一个又一个挑战生命极限的幸存者从废墟中营救出来时，人们无不为他们坚忍不拔的意志所敬佩和喝彩；当千里迢迢从异地自驾车风尘仆仆赶到灾区的支援者与国家救援队一同日夜奋战在满目疮痍的废墟时，人们无不为志愿者的无私奉献精神所感动和激励；而当外国某影星发出"四川地震是报应"的无端论调和网络里流传着"救灾帐篷被挪用"的流言时，人们又无不为他们的错误言论和丑陋行为强烈愤慨和群起谴责。伟大的中国人民是不会被灾难击倒的！"灾难，让中华民

族迸发出气壮山河、感天动地的伟大力量。"在巨大的灾害面前，凝聚着奋发向前、感天动地的民族伟力感染着中国人民，也感染着在校大学生。他们怀着对灾区人民遭受苦难的悲悯情怀和对祖国母亲的热爱之心，自发组织起来踊跃向灾区捐赠资金、棉被、衣物等必需品，到血库或医院自发排队无偿献血，甚至主动请缨到救灾前线支援灾区。

为了将抗震救灾所催生的感天动地、激扬奋进的氛围和热情持久保持和永远传递下去，在大学生中宣传和弘扬抗震救灾精神时，必须真抓实干，切实把抗震救灾精神的教育深入推进，使他们在抗震救灾和应对其他自然灾害的斗争中涌现的激情提升为深刻的理性认知，在对抗震救灾精神的内涵和要旨的深刻领会上，孕育出一种持久的精神动力，并转化为学习生活中、工作上的一种实际行动。精神力量在一定条件下可以化为物质力量。抗震救灾精神的本质是改革开放以来中国人民在党中央和国务院的领导下，团结友爱、顽强拼搏、共克时难，敢于夺取抗震救灾胜利的英雄气概、友爱精神和奋发面貌的生动写照；它是中华民族传统文化长期积淀下的时代凝结，是传统文化精神在新时代的最佳诠释，是在传承抗洪精神、抗非典精神和抗击冰冻雪灾精神基础之上的又一次民族精神的升华；作为全新时代性的民族精神是其历史性在当下的一种延续，它必将以其创造超越性继续引导着灾区人民的重建与恢复工作，应对未来可能面对的各种自然灾害，并激励着中国人民在建设中国特色社会主义事业中在各自的岗位上创造出新的伟大业绩。

"伟大的精神推动伟大的事业。"① 因此，高校的思想政治工作者在开展对大学生国情教育和形势与政策的教育中，应充分发挥好思想政治理论课堂教学的主渠道作用和思想政治理论课教师的主导地位，充分把握好汶川特大地震十周年和改革开放四十周年的有利时机，宣

---

① 胡锦涛. 胡锦涛庆祝神六圆满成功大会上重要讲话全文[EB/OL]. http://scitech.people.com.cn/GB/25509/53955/53957/3891833.html.

传改革开放以来党领导和团结中国人民抗震救灾中先进事迹和在灾后重建中创造的伟大奇迹，坚持以学生为本，适应学生的身心特点与认识需求，扎实推进抗震救灾精神入耳、入脑、入心，在让学生对抗震救灾精神的内蕴和其精髓认真领会基础上，客观地分析自身的优点与缺陷，理性地看待自我与国家、社会的辩证关系，引导学生把对死难者的"哀悼"和"哀思"，转化为爱国、爱党的实际行动，将团结友爱的精神贯穿在与同学及他人的真诚互助的人际交往中，把对祖国和人民的热爱转化为投身西部、服务基层、支援灾区脱贫致富的创业就业中，把学习抗震救灾人员奋勇拼搏精神和被围困的受灾同胞与死神抗争的顽强精神，化为学习上生活中敢于面对挫折、勇克难关的不竭动力，为把自己锻造成担当民族复兴大任的时代新人而不懈奋斗。如此效果的产生，这才是我们高校思想政治教育工作者在大学群体中弘扬和传播抗震救灾精神所追求的理想目标。那么我们的思想政治教育工作在新时代的新局面、新气象也将会呈现。

总之，在决胜全面建成小康社会和实现中华民族伟大复兴中国梦的新时代，在大学生群众中弘扬和传承抗震救灾精神，我们要充分把握好纪念汶川地震十周年这个有力的机遇，我们要用发展的眼光来审视思想政治工作，用新时代的新要求来创新思想政治工作，用改革创新的精神来推动思想政治工作，努力实现内容、形式、方法、手段和机制等方面的改进创新，做到认识上有新提高，思路上有新拓展，工作上有新举措，使思想政治教育工作更好地体现时代性、提高针对性，把握规律性，富有成效。

5.5 抗震救灾精神与可持续发展

马克思主义认识论的基本观点——认识源于实践，又反作用于实践。没有抗震救灾实践，就不可能孕育产生抗震救灾精神，而抗震救灾精神又可以通过资政育人作用的发挥，更好地为抗震救灾实践和国家社会发展提供指导和服务。

5.5.1 地震灾难对发展的破坏性影响

地震，是地壳快速释放能量过程中造成振动的一种常见自然现象。据统计，地球上每天都要发生上万次地震，每年大约发生500多万次地震。其中绝大多数地震由于强度太小或距离太远，以至于人们感觉不到。[1] 一般来说，震级大于等于6级的强地震或震级大于等于8级的巨大地震，常常造成严重的人员伤亡和财产损失。

1. 生产发展中起主导作用的人的生命健康安全受到严重威胁

地震作用时间非常短，最短十几秒，最长两三分钟，但是它却可以造成山崩地裂，使人类文明在瞬间毁灭。1976年7月28日唐山7.8级大地震，造成24.2万余人死亡，16.4万余人重伤；2008年5月12日汶川8.0级特大地震，遇难6.9万余人，受伤37.4万余人，失踪近1.8万人；2010年4月14日，青海玉树7.1级地震，造成2698人遇难，失踪270人；2014年8月3日云南鲁甸6.5级地震，共造成617人死亡，112人失踪，3143人受伤，108.84万人受灾，22.97万人被紧急转移安置。突如其来的地震灾难给人类带来的创痛是巨大的，影响是深刻的。它不仅严重威胁到人类的生命健康，而且还会给人们心理上带来严重伤害。很多人长时间走不出地震阴影，地震灾难中失去亲人的人更是如此。他们会出现焦虑、恐惧、自责、内疚、愤怒等心理反应，继而还会出现失眠、抑郁，有的人甚至终生与痛苦相伴。汶川地震造成很多家庭支离破碎"那种伤痛一般的人承受不起，当时我们国家有心理辅导医生到镇上

---

[1] 全球每年发生多少地震？[EB/OL]. 中国地震信息网，http://www.csi.ac.cn/publish/ main/720/721/20131025102952861397301/index.html.

去宣讲,组织去北京旅游,说开解下心情……遇难家属都去了"①。人是生产力发展的决定性因素,社会生产发展都是人类作用的结果。地震灾难对人类生命健康的严重危害,直接影响社会生产发展的进程和质量,造成生产力的倒退。

2. 从事生产发展所必需的物质生产条件受到严重破坏

地震会造成房屋倒塌、道路坼裂、铁轨扭曲、桥梁折断、电缆被切断、停水、停电和通信受阻等。另外,还可能引起火灾、水灾、有毒气体泄漏、细菌及放射性物质扩散,甚至造成海啸、滑坡、泥石流、崩塌、地裂缝等次生灾害,②对人类生产生活造成极大的破坏性影响。1976年唐山地震中,70%~80%的建筑物倒塌;2008年"5·12"汶川特大地震,直接经济损失达8451亿元;坐落在德阳汉旺的东方汽轮机有限公司70%的厂房垮塌,2000余台生产设备损坏,直接经济损失达27亿元;③2010年青海玉树地震,直接经济损失228亿元;2013年四川芦山地震,仅雅安市就有近40万间房屋受损,倒塌1.2万余间,34座水库受损,堰渠损毁2668处,农林水经济损失14.30亿元;2014年鲁甸地震,8.09万间房屋倒塌毁损;2017年九寨沟地震7.3万余间房屋不同程度受损。地震对生产资料的破坏是直接的具体的,它有可能使一个工矿企业瞬间毁灭,有可能使某一领域的产业受到致命打击,乃至有可能使一个国家的经济命脉受到重创。

5.5.2 抗震救灾精神对应急救援和灾后重建的积极作用

抗震救灾精神历经凤凰涅槃浴火重生的过程,是多重因素、多个条

---

① 雷芳.访都江堰向峨乡村民李贵兴.都江堰向峨乡家中,2017年6月25日.
② 珍贵的地震现场录像 震撼人心[EB/OL].中国网,http://www.china.com.cn/video/txt/2007-10/17/content_9069863.htm.
③ 德阳东方汽轮机厂:废墟中的完美重生[EB/OL].中国新闻网,http://www.chinanews.com/gn/news/2009/05-08/1682010.shtml.

件共同作用的结果。应该说,没有中国共产党的领导和中国特色社会主义制度,没有改革开放的发展成果,没有中华民族精神和社会主义核心价值观等,不可能产生抗震救灾精神。另外,抗震救灾精神积极作用的充分发挥,离不开中国这块土壤,只有在中国特色社会主义的中国,它的精神价值和现实意义才会得到最充分的体现和彰显。

1. 抗震救灾精神是抗震救灾取得伟大胜利的精神法宝

每一次地震灾难,党领导全国人民奋起抗震救灾,谱写了一曲曲惊天动地、气势磅礴的时代凯歌,创造了一个个人类救灾史上的奇迹。党和国家把人民的生命安全放在首位,只要有一点生还可能就要做出百倍努力。地震灾难面前,整个中华民族都紧紧地凝聚在一起,展现出了崇高的民族精神。万众一心、众志成城;一方有难、八方支援。规模空前的生死大营救,历经艰险的千里大驰援,处处涌动的爱心大奉献,共克时艰的社会主义大协作,汇聚成全民族风雨同舟、生死与共的强大合力。近几年的地震大多发生在山区或高原山区,地形复杂,交通困难,救灾难度大。但广大党员干部和人民群众,发扬特别能吃苦、特别能战斗、特别能奉献的精神,面对灾难,临危不惧、奋不顾身、冲锋在前、舍生忘死,体现出中国人民不为任何困难所压倒的超人勇气,以及战胜一切艰难险阻的大无畏革命精神。抗震救灾的每一次胜利,都充分印证了这样一个事实:"任何困难都难不倒英雄的中国人民!"中国人民在抗震救灾实践中所表现出来的坚强意志和民族精神,是抗震救灾取得伟大胜利的精神法宝,让世界为之惊叹。

2. 抗震救灾精神是灾后重建取得巨大成就的力量源泉

2008 年 5 月发生汶川地震,到 2010 年 9 月,纳入国家重建规划的 29 700 个重建项目开工 99.3%、完工 85.2%,概算总投资 8613 亿元完成了 7365.9 亿元、占 85.6%,圆满完成中央"三年重建任务两年基本完成"的目标。2010 年 4 月发生玉树地震,7 月就开始灾后恢复重建,到 2013 年 10 月,10 万援建大军进行了一千多个日夜的艰苦鏖战,使纳入国家重建规划的 1248 个重建项目全部开工,完工 99%,三年累计完成投资 444.36 亿元。2014 年 8 月发生鲁甸地震,2017 年 11 月 30 日,地震灾后恢复重建指挥部就在鲁甸县龙头山镇宣布:地震灾后恢复重建全面完成,灾区 1771 个恢复重建规划项目已全部完成,实现了"户户安居、家家有业、乡乡提升、生态改善、设施改进、经济发展"的重建目标。

以人为本,民生优先,优先恢复重建受灾群众基本生活和公共服务设施,集中体现了中国共产党立党为公、执政为民的根本宗旨;全国人民和兄弟省市无私帮助灾区,捐钱捐物支持重建,展示了中华民族和衷共济、团结奋斗的民族品格;快速高效的重建成果,集中体现了中国特色社会主义制度的巨大优越性,展示了改革开放以来不断增强的综合国力。抗震救灾精神,在灾后重建过程中得到充分的弘扬和传承,成为灾后重建重要的精神支撑和力量源泉。

3. 抗震救灾和灾后重建为灾区可持续发展奠定了必要基础

劳动者是生产力首要的能动的要素,劳动者制造和改进生产工具,掌握和使用生产资料的过程就是生产力不断发展进步的过程。地震作为一种破坏性极强的自然灾害,对生产力发展造成的破坏性影响有时候很难用确切的数字来表述。历史上,有的国家就是因为这种灾难而导致消亡或文明中断的。抗震救灾,其目的就是要运用人类的力量让地震灾难损失降到最低程度,使人民生命财产安全得到最大程度的保障,从而使生产力的各要素得到最大限度的保护或拯救,使人类文明得以延续发展。而灾后重建的过程,不仅是对地震灾难所造成的损失进行弥补或补偿的过程,从某种意义上说,它也是新的生产发展条件、发展环境被创设,新的生产发展能力被激发的过程。

近年来发生的每次地震,在党中央的坚强领导下,全党全军全国各族人民发扬"万众一心、众志成城，不畏艰险、百折不挠，以人为本、尊重科学"的抗震救灾精神，基本上都仅用了三年左右的时间就完成了规模浩大的灾后重建工程。受灾群众住进了新房，公共服务设施全面上档升级，重建城镇初展新姿，基础设施根本性改善，产业发展优化升级，防灾减灾能力显著提高。曾经满目疮痍的灾区焕发出了新的生机和活力，灾区的可持续发展有了必要的基础和重要前提。

5.5.3 后重建时期灾区在可持续发展过程中遇到的问题和困扰

虽然灾后恢复重建工作取得初步胜利，但后续的可持续发展和振兴发展对灾区的意义更为重大。地震对自然、经济、社会等各方面造成的影响深远，全面实现灾区经济社会发展振兴仍面临巨大挑战，目前灾区出现的一些问题和困扰阻碍了其可持续发展的进程。

1. 贫困和返贫是灾区面临的最大现实问题

地震灾区，大多属于自然灾害频发、生态脆弱、经济脆弱的贫困山区。汶川地震发生后，四川39个县（市、区）成为重灾区，这39个县（市、区）中，有31个是国家扶贫开发工作重点县和省定贫困县，其中2117个村为贫困村。玉树地震时，由于当地经济发展水平低和贫困所限，建筑物抗震性能普遍比较差，导致损坏比较严重。鲁甸也是国家级贫困县，地震发生时雪上加霜。这些灾区群众重建后生活之所以得到很大改善，很大程度上并不是依靠自身的内生力，更主要的是基于大地震依靠国家和社会大力扶持和帮助的外来力。这些地区的发展和群众生活的改善一开始就带有脆弱性，很容易导致返贫风险的产生。在灾后重建中，汶川和北川创造了无数奇迹和辉煌，但一个不容回避的现实也呈现在我们面前，汶川、北川依然都是四川省仅有的几十个贫困县之一。如何防止已经走出地震阴霾、重获新生的地震灾区和灾区群众重返贫困和摆脱贫困,这是摆在我们面前的一个重大现实问题。

2. 灾区经济自我发展能力不足

很多灾区自然环境恶劣,山地多,耕地少,土地产出率低;偏远山区基础设施还是很落后,通行不顺畅,公共服务设施匮乏;不少灾区经济恢复发展主要得益于重建投资拉动、政策扶持和对口支持帮扶,内生发展动力不足,抗风险能力弱,发展基础不稳固;部分地区经济尚未恢复到震前水平,债务压力大;① 产业结构不合理,不少地方以传统农业为主,习惯于粗放型的农业经济,层次较低,结构调整慢;转型发展、淘汰落后产能任务艰巨;中小企业发展面临较多困难;地震灾区大多是偏远山区或高原地区,由于区位条件差,栽下了"梧桐树"却引不来"金凤凰",招商引资非常困难。

3. 生态环境脆弱,次生灾害频发

地震不仅给人民生命财产造成了巨大的损失,也给生态环境带来了严重的破坏。地震发生时不仅使灾区的森林、植被、水体、土壤等自然环境直接受到损毁,地震发生后由于地质环境稳定性变差,灾区的滑坡、崩塌、泥石流、堰塞湖等次生灾害隐患也逐渐增多。2013年"7·10"特大山洪泥石流灾害造成汶川县8万余人受灾,生态平衡被严重打破。地震诱发的次生灾害还体现在,它使震后土壤表土被埋,土壤肥力下降,土质疏松使水土流失更加严重,从而更加剧了灾区生态的脆弱性。但是,地震对生态环境的破坏,其恢复是大尺度的,少则几十年,甚至需要几百年,并且只能依靠自然界的自我修复力量。生态修复周期长、难度大,地质灾害隐患多,都是严重威胁灾区人民群众生命财产安全和灾区可持续发展的重要因素。

---

① 四川省人民政府. 汶川地震灾区发展振兴规划(2011—2015年)[EB/OL]. 川府发[2011]26号, 2011-08-05.

4. 就业面临压力大，百姓增收有困难

随着重建任务逐步完成，灾后恢复重建直接提供的建设、服务和公益性岗位逐步减少，加之每年新增劳动力、大中专毕业生和农村富余劳动力需要就业，灾区就业和再就业形势依然严峻。① 另外，灾区农民知识文化水平不高，缺乏掌握并运用现代技术的能力，在对外输出劳动力时只能是低层次的，只能从事一些技术含量低、生产技能要求低的岗位。"像山上下来的人，有体力的基本上都在找活儿干。实在没法没有体力干的，那就没法，就维持那点儿养老保险啊或者低保啊这种待遇，就维持生活。"② 也有不少贫困劳动者，或因家庭拖累或因年龄偏大或因病残而无法外出打工。没有就业机会或失去就业机会是灾区致贫的一个痛点。很多灾区农民长期受到传统观念的影响，乡土观念浓厚，只是局限于农田耕作，加之灾区交通不便利，信息闭塞，农产品生产周期长、自然灾害不确定等因素，造成农业经济效益低下与家庭经营性收入增长缓慢且不稳定，严重制约了灾区农民实现增收，导致增收困难。

5.5.4　抗震救灾精神在可持续发展方面的价值体现

可持续发展，不仅需要物质的载体，更需要精神的支撑。抗震救灾精神对可持续发展具有重要的现实意义和价值。"人民至上"，一切为了人民，是党的奋斗目标，是全国人民的共同追求。"尊重科学、不畏艰险、百折不挠、万众一心、和衷共济"是我们在实现理想、追寻目标过程中必须予以遵循的规律和坚守的信念。有了理想的指引，有了规律的遵循和信念的推动，我们取得了抗震救灾和灾后重建伟大实践的胜利，我们也必将会取得包括灾区在内的全国范围内的可持续发展的胜利。

---

① 四川省人民政府.汶川地震灾区发展振兴规划（2011—2015 年）[EB/OL].川府发[2011]26 号，2011-08-05.
② 张利民.访北川县擂鼓镇桂正财.北川县擂鼓镇廉租房广场，2016 年 7 月 21 日.

1. 人民至上、尊重科学，布局可持续发展思路

一路走来，党和国家事业之所以能够发生历史性变革，就在于我们坚持的是以人民为中心的发展思想，"人民"二字贯穿于党中央治国理政的全过程。据统计，"人民"二字在党的十九大报告里出现超过 200 次，并且明确提出，中国共产党人的初心和使命，就是为中国人民谋幸福，为中华民族谋复兴。当拥有 8900 多万党员的党始终把人民置于最高位置，始终把人民对美好生活的向往作为奋斗目标，始终同人民想在一起、干在一起，必然会激发出源源不断的发展动力。

现在我国不再设定具体的 GDP 增长目标，不再重提 GDP 水平翻番，现代化经济体系就是追求高质量、高效益的发展，这不仅是因人民需求变化做出的重大调整，同时也表明可持续发展和改善人民生活将成为我国当前更优先的发展目标。社会主义现代化奋斗目标也从"富强民主文明和谐"进一步拓展为"富强民主文明和谐美丽"，经济、政治、文化、社会、生态文明建设"五位一体"总体布局与现代化建设目标有了更好的对接。坚持人与自然和谐共生，建设生态文明成为中华民族永续发展的千年大计。从经济发展转向到社会主义现代化奋斗目标的不断完善，不难看出，今后我国将更加注重以人为本、机会均等、尊重科学、环境保护，实现社会的可持续发展。

2013 年 10 月 29 日，汶川县创建省级可持续发展实验区规划通过评审。《规划》按照"农旅统筹、全局景区、一三互动、接二连三"的产业发展思路，积极开展"生态城镇""生态乡村""生态家园"建设活动，加快发展"三高"农业、"三新"工业、"三精"旅游业，依靠科技进步、机制创新和制度建设，推进汶川在经济、生态和社会全面发展，探索灾后民族地区人与自然和谐发展现代化新格局。[①]2017 年 11 月 3 日，四川省科学技术厅网站以大标题"汶川县省级可持续发展实验区建设成效斐

---

① 加快推进创建工作 实现汶川持续发展[EB/OL]. 汶川县人民政府网，http://www.wenchuan.gov.cn/p/st_news_items_i_x635186764561126250/.2013-10-29.

然"报道了汶川县推动经济、社会、人口、资源、环境协调可持续发展的成效。①

云南省十九大代表杨亚林把宣讲十九大精神的第一站,放在2014年云南鲁甸地震的震中龙头山镇。"十九大的报告始终贯穿一个主题,就是以人民为中心。在我们地震灾区,没有共产党,就没有我们鲁甸灾区翻天覆地的变化,就不会有我们在座各位乡亲的幸福生活,所以吃水不忘挖井人,幸福不忘共产党。"接地气、贴实际的宣讲鼓舞了灾区群众的干劲,增强了大家的信心。②

为全面推进九寨沟地震灾区科学重建、绿色发展,加快建设美丽新九寨,2017年12月8日,中共四川省委十一届二次全体会议通过了《关于推进九寨沟地震灾区科学重建绿色发展加快建设美丽新九寨的决定》。决定明确了建设美丽九寨的基本原则:尊重自然、生态优先,以人为本、改善民生,底线思维、保证安全,因地制宜、科学重建,创新机制、强化保障。主要目标是:生态环境自然美丽,灾害防治安全有效,旅游服务整体提升,人民生活显著改善,人与自然和谐发展。③

"以人为本,人民至上,尊重科学"是抗震救灾精神的核心内容。在全面建成小康社会、进行社会主义现代化建设的关键时期,"以人为本,人民至上,尊重科学"又成为我国可持续发展的重要指导原则。从中央到地方,从非震区到地震灾区,全国各地坚持把保障和改善民生作为可持续发展的核心要求,转变经济发展方式,对经济结构进行战略性调整,把科技创新作为推进可持续发展的不竭动力,把建立资源节约型和环境友好型社会作为推进可持续发展的重要着力点。一切

---

① 汶川县省级可持续发展实验区建设成效斐然[EB/OL]. 四川省科学技术厅, http://www.scst.gov.cn/zhuzhan/stdt/20171103/28424.html.2017-11-03.
② 传递好声音 共谋新发展[EB/OL]. 央视网, http://mini.eastday.com/mobile/171101133552043.html,2017-11-01.
③ 中共四川省委关于推进九寨沟地震灾区科学重建绿色发展加快建设美丽新九寨的决定[N]. 四川日报,2017-12-16(1).

为了人民、对人民利益保障的目的的先进性,以及尊重事实、遵循规律措施方法的科学性,都为可持续发展目标的最终实现,奠定了坚实基础。

2. 不畏艰险、百折不挠,决战脱贫攻坚

党的十八大以来,截止到 2016 年年底,在短短 4 年时间内,我国就有 5564 万人摆脱贫困,这一数字等同于一个欧洲大国的人口总数,而在未来 3 年,还将有 4335 万人脱贫。当前,我国正处于全面建成小康社会的决胜阶段和脱贫攻坚的关键时期。我们的近期发展目标是到 2020 年全面建成小康社会。"全面建成"意味着全国每个地方、每个人都不能落下,831 个贫困县全部都要"摘帽"。刚性的时间要求,彰显党和国家全面建成小康社会的"决胜"姿态和坚定信心。习近平总书记也曾多次做过指示,"决不能让一个困难地区和困难群众掉队";在党的十九大报告中,他又明确指出,要坚决打赢脱贫攻坚战!"让贫困人口和贫困地区同全国一道进入全面小康社会是我们党的庄严承诺。"贫困人口大多集中在偏远农村,十九大报告中还提出实施乡村振兴战略,并将其与科教兴国战略、人才强国战略、创新驱动发展战略、区域协调发展战略、可持续发展战略、军民融合发展战略并列。党中央脱贫攻坚的坚定决心以及中央统筹省负总责市县抓落实的工作机制指针,必然给包括灾区群众在内的全国人民极大的信心和鼓舞。地震灾区广大人民群众在党的脱贫攻坚政策指导下,在当地党委政府的坚强领导下,又掀起了一场继抗震救灾之后的轰轰烈烈的脱贫攻坚大会战。

汶川建立"五个一"、聚集"四股力"。"五个一"即 36 名县级领导担任贫困村工作组组长;在贫困村和非贫困村全覆盖配备了 111 名第一书记;72 个县级部门全覆盖联系 111 个村;组建由 5 名高级畜牧师、兽医师和 6 名高级农业师组成的农技专家服务团队;全县 400 余名科级干部、1200余名机关干部、200余名村"两委"干部参与到帮扶中，形成握指成拳的强大合力。"四股力"即聚集"五个一"帮扶力量、聚集对口援建力量、聚集企业院校力量、聚集党员干部力量。①北川作为特大地震极重灾区、少数民族地区、革命老区、边远山区和连片特困地区"五区合一"的贫困县，把脱贫攻坚作为首要目标、头等大事，实行"三三三"模式，决战决胜脱贫攻坚。首先健全"三机制"，即健全推进机制强进度、健全协作机制强合力、健全督查机制强保障；其次筑牢"三支撑"，即筑牢增收支撑、筑牢基础支撑、筑牢兜底支撑；最后深化"三行动"，即新风行动正心、整治行动润心、引领行动聚心。撸起袖子加油干、尽洪荒之力务实干、用绣花之工精细干、背水一战拼命干、阳光扶贫干净干，近5年累计脱贫3.9万余人，贫困发生率从29.17%下降至5.33%。②玉树州探索建立"1+5+10"扶贫工作机制，2016年实现20个贫困村退出、1.9万人脱贫，2017年力争实现玉树市和称多县2个省级重点贫困县"摘帽"、37个贫困村退出、2.7万贫困人口脱贫的年度目标任务。③

中华民族5000年文明史，就是一部与苦难灾祸不断抗争的历史。不畏艰险、百折不挠，展现的是不为任何困难所压倒的超人勇气，体现的是一种战无不胜的勇敢力量。它已经融入中华民族的血液里，成为整个民族的精神气质和优秀品质。不畏艰险、百折不挠，是我们取得抗争救灾胜利的强大精神力量，现在，这种精神又在地震灾区被凸显出来，就像浸过水的木、淬过火的钢，越发的坚韧昂扬。不畏艰险、百折不挠的民族精神，必将帮助包括灾区群众在内的全国人民在脱贫攻坚战争中，取得伟大胜利。

---

① 汶川县聚集"四股"力量推进脱贫攻坚[EB/OL]. 中国网，http://media.china.com.cn/zhxw/2017-09-19/1138608.html，2017-09-19.
② "三三三"模式 北川决战决胜脱贫攻坚新方略[EB/OL]. 四川新闻网，http://local.newssc.org/system/20170419/002160238.htm，2017-04-19.
③ 玉树州脱贫攻坚工作取得阶段性成效[EB/OL]. 玉树藏族自治州人民政府门户网站，http://www.qhys.gov.cn/html/22/190907.html，2017-06-14.

3. 万众一心、和衷共济，实现共同富裕

实现共同富裕是社会主义的本质要求。改革开放之初，邓小平就提出，让一部分人、一部分地区先富起来，先富带后富，最终实现共同富裕。2012年11月，习近平就任中央总书记时也强调："我们的责任，就是要团结带领全党全国各族人民……坚定不移走共同富裕的道路。"当前我国社会生产力水平总体上显著提高，社会生产能力在很多方面进入世界前列。但我国发展也出现了一系列突出矛盾和问题，其中最显著的就是城乡区域发展和收入分配差距较大问题。发展不平衡不充分，已经成为满足人民日益增长的美好生活需要的主要制约因素。党的十九大报告中，就把人民日益增长的美好生活需要和不平衡不充分的发展之间的矛盾明确为当前我国社会的主要矛盾。解决发展不平衡不充分的问题，满足全体中国人民日益增长的美好生活需要，是今后很长一段时期内，党和国家面临的最主要任务。具体说来，2020年全面建成小康社会时，全面解决贫困问题，不能让一个人落下；到2035年基本实现社会主义现代化时，全体人民共同富裕要迈出坚实步伐；到本世纪中叶把我国建成富强民主文明和谐美丽的社会主义现代化强国时，全体人民共同富裕要基本实现。这是我们党历史上第一次把全体人民共同富裕的社会主义本质外化为具体奋斗目标，并安排了进度表、设定了路线图，必将对新时代中国特色社会主义的全面推进具有重大指导意义。

实现全体人民的共同富裕，根本路径就是全国各族人民万众一心、和衷共济、团结奋斗。早在1979年，党中央就确定，北京支援内蒙古，河北支援贵州，江苏支援广西、新疆，山东支援青海，天津支援甘肃，上海支援云南、宁夏，全国支援西藏；1996年确定了对口帮扶政策，要求9个东部沿海省市和4个计划单列市对口帮扶西部10个贫困省区；1999年，发起兴边富民行动，广泛动员全社会参与，加大对边境地区的

投入和对广大边民的帮扶,帮助边境地区尽快发展起来,边民尽早富裕起来;2000年,国家又把实施西部大开发、促进地区协调发展作为一项战略任务加以部署,加快中西部地区发展,实现地区协调发展和最终实现共同富裕,党的十九大又为我们规划了非常明确的路线图和行动指针。美好的目标顺应民意,光明的未来催人奋进。在习近平新时代中国特色社会主义思想指引下,14亿中国人民万众一心、众志成城,聚合成勇往直前的磅礴之力,实现中华民族伟大复兴的宏伟梦想,实现共同富裕的幸福追求,都指日可待。

5.6 抗震救灾精神与构建人类命运共同体

本书所讲的抗震救灾精神是指中华人民共和国成立后中国共产党领导中国人民在历次抗震救灾实践中凝练升华成的"万众一心、众志成城,不畏艰险、百折不挠,以人为本、尊重科学"精神。而人类命运共同体是近年来党中央提出的一大战略思想。党的十八大报告指出:"合作共赢,就是要倡导人类命运共同体意识,在追求本国利益时兼顾他国合理关切,在谋求本国发展中促进各国共同发展,建立更加平等均衡的新型全球发展伙伴关系,同舟共济,权责共担,增进人类共同利益。"党的十九大报告指出:"倡导构建人类命运共同体,促进全球治理体系变革。""坚持推动构建人类命运共同体。中国人民的梦想同各国人民的梦想息息相通,实现中国梦离不开和平的国际环境和稳定的国际秩序。必须统筹国内国际两个大局,始终不渝走和平发展道路、奉行互利共赢的开放战略,坚持正确义利观,树立共同、综合、合作、可持续的新安全观,谋求开放创新、包容互惠的发展前景,促进和而不同、兼收并蓄的文明交流,构筑尊崇自然、绿色发展的生态体系,始终做世界和平的建设者、全球发展的贡献者、国际秩序的维护者。"

可见，人类命运共同体的基本内涵主要是指国家间层面的具有平等性、共赢性、安全性和包容性的政治、经济、文化和生态性质的集合体。

从表面上看，抗震救灾精神与人类命运共同体之间是风马牛不相及的，但事实上抗震救灾精神与人类命运共同体思想是紧密关联的有机整体。

5.6.1 抗震救灾精神与人类命运共同体思想的相通性

第一，二者均强调平等和相互包容。

习近平指出："各国体量有大小、国力有强弱、发展有先后，但都是国际社会平等的一员，都有平等参与地区和国际事务的权利。涉及大家的事情要由各国共同商量来办。"① 这就是说，国家不分大小、强弱、贫富一律平等，大家同是地球村中平等的一员，大家同享主权平等，各国和各国人民应该共同享受尊严。

抗震救灾精神与人类命运共同体思想都强调包容性，尊重各国平等性和差异性。承认文明、国家、民族之间的包容性也就是承认它们之间的差异性和当今世界的多极性。今天这个世界，不是一种文明独霸话语权的时代，而是多种文明和众多国家之间通过平等对话来交流融合的时代。各种文明之间只有相互尊重、彼此借鉴、和谐共存，这个世界才能丰富多彩、欣欣向荣。

抗震救灾精神和人类命运共同体思想给世界各国提供的是中国方案、中国智能，但不是强加给各国的文化霸权主义。抗震救灾精神是中国为世界各国从精神层面（价值观层面）应对地震灾害提供的"中国方案"。而倡导和构建人类命运共同体，正是为了实现全球治理主体的多元化、多样化，从而为世界走向全人类的共同世界和实现世界发展模式的多样化提供了现实可能。抗震救灾精神倡导应

---

① 博鳌亚洲论坛举行开幕式 习近平发表主旨演讲（全文）[EB/OL]. 中新网，http://www.chinanews.com/gn/2015/03-28/7166267.shtml, 2015-03-28.

对地震灾害之类的国际事务要由各国人民来共同参与。

第二，二者均强调合作共赢和共维安全。

"这个世界，各国相互联系、相互依存的程度空前加深，人类生活在同一个地球村里，生活在历史和现实交汇的同一个时空里，越来越成为你中有我、我中有你的命运共同体"①。所以，"只有合作共赢才能办大事、办好事、办长久之事。要摒弃零和游戏、你输我赢的旧思维，树立双赢、共赢的新理念，在追求自身利益时兼顾他方利益，在寻求自身发展时促进共同发展。"②人类命运共同体是追求世界性安全的共同体。习近平指出："当今世界，安全的内涵和外延更加丰富，时空领域更加宽广，各种因素更加错综复杂。各国人民命运与共、唇齿相依。当今世界，没有一个国家能实现脱离世界安全的自身安全，也没有建立在其他国家不安全基础上的安全。"③这就是总体国家安全观。党的十九大报告指出，要"统筹外部安全和内部安全、国土安全和国民安全、传统安全和非传统安全、自身安全和共同安全"。

与人类命运共同体思想相一致，抗震救灾精神也是倡导形成合力、合作共赢的精神。当然，这种合力和合作首先应在一国范围内形成，然后在世界范围内来倡导。前文指出，中国特色的政党制度是致力于"形成合力"的政党制度，共产党执掌政权，民主党派参政议政。各政党之间是同心同德、互助合作的关系。包括中国特色社会主义政治制度、经济制度以及抗震救灾具体工作机制等在内的一系列制度设计，可以确保抗震救灾精神形成合力，使灾区人民万众一心，使灾区人民与世界各国人民众志成城。

---

① 习近平在莫斯科国际关系学院的演讲[EB]. 新华网，2013-03-23.
② 博鳌亚洲论坛举行开幕式 习近平发表主旨演讲（全文）[EB/OL]. 中新网，http://www.chinanews.com/gn/2015/03-28/7166267.shtml，2015-03-28.
③ 博鳌亚洲论坛举行开幕式 习近平发表主旨演讲（全文）[EB/OL]. 中新网，http://www.chinanews.com/gn/2015/03-28/7166267.shtml，2015-03-28.

5.6.2 抗震救灾精神与人类命运共同体思想具有相通的思想渊源和现实背景

从缘起看，抗震救灾精神与人类命运共同体思想具有相通的思想渊源和相似的现实背景。具体来说：

第一，二者都植根于中华优秀传统文化的深厚土壤。

马克思曾指出，人们自己创造自己的历史，但他们并不是随心所欲地创造，也不是在他们自己选定的条件下创造，而是在直接碰到的、既定的、从过去承继下来的条件下创造。同样的，人类命运共同体思想也不是随心所欲提出的理念，而是深植于中国优秀传统文化的土壤之中。有学者指出，"天人一体"的宇宙情怀、"天下一家"的人类情怀、"中和之道"的协调智慧等中华优秀传统文化思想均为人类命运共同体思想提供了一系列重要智能。① 例如，儒家的天下观超越了种族、国家的界限，是天下一体、全人类一体的整体主义观念。"修身、齐家、治国、平天下""四海之内皆兄弟""亲亲而仁民，仁民而爱物"，都主张把对自我、家人之爱推向他人、社会和世界，视天下人为一家人。还如，儒家讲"和而不同"，认为"万物并育而不相害""道并行而不相悖""己所不欲，勿施于人""执其两端而用其中""仇必和而解"，这些思想主张民族平等、国家平等、文明多样、彼此包容、相互尊重，认为人们相处要兼顾各方意愿，善于妥协平衡。在上述中华优秀传统文化的熏陶下，抗震救灾精神的提出和人类命运共同体思想的形成就是合乎逻辑、水到渠成的事情。可以说，"命运共同体理念，在中国延续 5000 年的文化中滋养"②。而抗震救灾精神也植根于中华优秀传统文化，是中华民族精神在抗震救灾中的体现和应用。"万众一心、众志

---

① 牟钟鉴. 共同体：人类命运 中国经验[N]. 光明日报，2015-12-14（16）.
② 国纪平. 为世界许诺一个更好的未来——论迈向人类命运共同体[N]. 人民日报，2015-05-18（1）.

成城"反映了强调团结互助的中华传统美德,"不畏艰险、百折不挠"体现了自强不息的中华传统美德。

第二,二者都直面当今世界的现实需求。

抗震救灾精神和人类命运共同体思想均是中国面对世界性问题所做出的"中国诊断"和所提出的"中国方案"。在2016的新年贺词中,习近平指出:"世界那么大,问题那么多,国际社会期待听到中国声音、看到中国方案,中国不能缺席。面对身陷苦难和战火的人们,我们要有悲悯和同情,更要有责任和行动。中国将永远向世界敞开怀抱,也将尽己所能向面临困境的人们伸出援手,让我们的'朋友圈'越来越大。"

在世界范围内弘扬抗震救灾精神和构建人类命运共同体的理念在当代之所以具有引领意义,正由于它们深深扎根于现实的沃土之中,切中了时代发展的脉搏,顺应了世界人民的期待。当今时代是一个经济全球化、社会信息化的时代。经济全球化使各国人民间的利益相互交融。倡导和构建人类命运共同体,为世界人民走向共同发展提供了现实可能。世界经济的发展早已过了一国可以独秀的时代,而是已经进入你中有我、我中有你的有机联系时代。构建人类命运共同体,有利于实现世界经济的合作共享和可持续发展,从而以世界各国的共同发展让世界人民共享美好未来。但是,地震破坏了世界经济一体化或者说使世界经济一体化和互联互通产生一定程度、一定范围的断裂。而抗震救灾精神则试图先通过精神上的联合来实现经济上、政治上和文化上的联合,因此它为人类命运共同体的建构直接提供了精神上的支撑,间接提供了经济、政治、文化上的全方面支撑。同时,当今时代是社会信息化时代。以互联网为标志的信息化时代,人类间的联系密度达到了史无前例的境地;网络互联、信息互通又使更有效的安全保障成为必要和期待。借助现代信息技术,地震时和地震后救灾的相关信息、图片、视频等被即时迅捷地传播到世界各地,这为世界各国人民的互帮互助和人类命运共同体的建构提供了技术上的支撑和可能。抗震救灾精神倡导世界各国人民超越时空局限、携手进行抗震救灾,从全球角度和人类未来前景的高度来审视世界和自己的行为,从而有利于构建积极健康的国际经济政治格局,最终将有利于人类命运共同体思想的实现。

5.6.3 抗震救灾精神有助于人类命运共同体思想的实现

在 2015 年的联合国论坛上,习近平强调要建立平等相待、互商互谅的伙伴关系,营造公道正义、共建共享的安全格局,谋求开放创新、包容互惠的发展前景,促进和而不同、兼收并蓄的文明交流,构筑尊崇自然、绿色发展的生态体系。这实际上指出了迈向人类命运共同体的总布局和总路径。在推动人类命运共同体思想在现实世界的实现中,抗震救灾精神扮演着重要角色。

第一,抗震救灾精神有助于人类命运共同体思想的分步实现。人类命运共同体思想的实现,不是一蹴而就和一劳永逸的事情,需要全世界人民共同、长期努力。按照习近平的论述,实现人类命运共同体思想需要贯彻"分步实现"的基本原则。其基本的分步实现思路是先通过构建国与国的命运共同体,然后发展到区域内命运共同体,最后才能实现人类命运共同体。在博鳌亚洲论坛 2015 年年会上,习近平指出:"人类只有一个地球,各国共处一个世界。世界好,亚洲才能好;亚洲好,世界才能好。面对风云变幻的国际和地区形势,我们要把握好世界大势,跟上时代潮流,共同营造对亚洲、对世界都更为有利的地区秩序,通过迈向亚洲命运共同体,推动建设人类命运共同体。"① 这里,习近平提出了"通过迈向亚洲命运共同体,推动建设人类命运共同体"的主张。事实上,中国通过提出"一带一路""亚洲基础设施投资银行"等设想正一步步地践行着实现人类命运共同体的理念。抗震救灾精神有助于国与国之间的"一对一"帮扶,地震高发国家之间可以先行建立国与国之间

---

① 博鳌亚洲论坛举行开幕式 习近平发表主旨演讲(全文)[EB/OL]. 中新网, http://www.chinanews.com/gn/2015/03-28/7166267.shtml, 2015-03-28.

的命运共同体。地震对基础设施的破坏比较严重,抗震救灾精神的实质与亚洲基础设施投资银行的宗旨是高度吻合的。

第二,抗震救灾精神有助于通过平等互助来实现人类命运共同体思想。抗震救灾精神强调团结互助,人们命运共同体的实现也强调平等互助。所谓平等互助,从国家层面来看,就是通过构建平等的国家间关系,实现各国间的公平发展和创新发展。世界各国应该坚持多边主义,不搞单边主义;应该奉行双赢、多赢、共赢的新理念,扔掉我赢你输、赢者通吃的旧思维。习近平指出:"我们要摒弃一切形式的冷战思维,树立共同、综合、合作、可持续安全的新观念。"① "大家一起发展才是真发展,可持续发展才是好发展。要实现这一目标,就应该秉承开放精神,推进互帮互助、互惠互利。"② 在当代世界,一国地震发生后,国际社会往往会通过捐款捐物、组织国际救援队等形式来帮助受灾国进行抗震救灾。而抗震救灾精神正是一种自觉地、有意识地倡导通过患难与共、生死之交而凝筑友谊和互助合作的精神。它对人类命运共同体的构建和实现,无疑起着积极的推动作用。

第三,抗震救灾精神有助于通过强调各国责任来实现人类命运共同体思想。抗震救灾精神是中国给世界各国人民所提供的从精神层面来应对地震的中国精神、中国智慧、中国方案,体现了大国担当。同一个地球村中,国家有大有小,发展有快有慢,责任也有大有小,先发展的应该带动后发展的,只有这样才能实现共同发展。2016年1月,习近平在亚洲基础设施投资银行开业仪式上指出:"中国将始终做全球发展的贡献者,坚持奉行互利共赢的开放战略,欢迎各国搭乘中国发展的顺风车。"不论是推动建立实体的亚洲基础设施投资银行,还是提出无形的抗震救灾精神,都为构建人类命运共同体搭建了新平台。习近平

---

① 习近平. 携手构建合作共赢新伙伴 同心打造人类命运共同体——在第七十届联合国大会一般性辩论时的讲话[N]. 环球时报,2015-09-29(2).
② 习近平. 携手构建合作共赢新伙伴 同心打造人类命运共同体——在第七十届联合国大会一般性辩论时的讲话[N]. 环球时报,2015-09-29(2).

总书记指出:"要围绕我国和世界发展面临的重大问题,着力提出能够体现中国立场、中国智慧、中国价值的理念、主张、方案。"① 在国际舞台上,展示中国形象、讲好中国故事、传播中国声音是表达中国的要求和文化自信的体现。如同高铁是展示中国力量的靓丽名片一样,抗震救灾精神是诠释"中国精神"和表达中国的窗口。中国是世界上地震频发国家,中国抗震救灾的效率效果以及灾后重建的伟大成就让世界各国钦佩和羡慕。汶川地震后,国外各界对中国抗震救灾予以高度评价。例如,救助儿童会中国项目负责人温德姆·詹姆斯说:"中国能以不寻常的速度采取行动。很少有哪个国家的政府能像中国那样集中资源和注意力。"② 中国抗震救灾和灾后重建中的壮举,蕴涵着人类社会发展中共同形成的精神价值,因而具有世界意义。总之,抗震救灾精神的国际传播有利于世界各国了解中国、走进中国、学习中国,有助于构建人类命运共同体,为解决人类面临的共同性的重大难题提供"中国方案"。

第四,抗震救灾精神有助于通过正确处理人与自然的关系来实现人类命运共同体思想。抗震救灾精神强调正确处理人与自然的关系,强调在尊重自然的基础上尊重和利用科学。构建人类命运共同体涉及人与自然的关系,抗震救灾精神也涉及正确处理人与自然的关系问题。抗震救灾精神正确处理了人与自然的关系,强调既要尊重客观规律,也要发挥人的主观能动性。一方面,面对自然灾害,它宣示人既是受动的、被动的,也是能动的、主动的,特别主张要发挥人的社会性和能动性来抗衡自然的破坏性与个体人的有限性;另一方面,它认为人与自然需要通过科学连接起来,人抗衡自然灾害不能凭主观愿望,而是要靠尊重和遵循规律。可见,抗震救灾精神正确处理了人与自然、人与社会、一国与世界各国间的关系,有利于人类命运共同体的实现。

---

① 习近平.在哲学社会科学工作座谈会上的讲话[N].人民日报,2016-05-19(2).
② 王宁霞,等."5·12"汶川大地震抗震救灾纪实[M].北京:电子工业出版社,2015:428.

6 结 语

在中国特色社会主义新时代,为实现伟大梦想,就不得不应对重大挑战、抵御重大风险、克服重大阻力、解决重大矛盾,就必须进行具有许多新的历史特点的伟大斗争。在这一伟大斗争的实践中,如何通过讲好中国故事,传播好中国声音,传承和发展好以爱国主义为核心的民族精神和以改革创新为核心的时代精神?如何进一步弘扬和践行社会主义核心价值观以及人类命运共同体的共同价值,构筑中国价值?如何团结带领中国人民,凝神聚力而同心共筑实现中华民族伟大复兴的磅礴力量?本书从汶川特大地震抗震救灾十年来所取得的伟大成就入手,通过分析中国共产党团结和带领全国各族人民,携手海内外中华儿女,在抗震救灾、灾后重建与灾区可持续发展的伟大斗争实践中,用理想凝聚力量,用信念铸就坚强,用真情凝结关爱,培育和弘扬了"万众一心、众志成城,不畏艰险、百折不挠,以人为本、尊重科学"的伟大抗震救灾精神;在翔实丰富的抗震救灾、灾后重建与灾区可持续发展历史资料的基础上,总结提炼中国共产党人构筑中国精神、中国价值和中国力量的成功经验与基本规律;在汶川特大地震抗震救灾十周年和改革开放四十周年之际,试图讲好抗震救灾这一典型中国故事,弘扬抗震救灾精神这一当代中国精神,为全面建成小康社会和中华民族伟大复兴更好构筑中国价值、凝聚中国力量。

6 结语

6.1 若干历史经验

汶川特大地震发生后,中国共产党团结带领中国人民,以无所畏惧的英雄气概、排山倒海的强大力量、可歌可泣的伟大壮举,万众一心、坚忍奋进,战胜灾难、崛起危难,夺取了抗震救灾、灾后重建和可持续发展的重大胜利。在抗震救灾、灾后重建和灾后可持续发展的十年,积累了构筑中国精神、中国价值和中国力量的丰富经验。总结起来,主要有以下几点:

第一,党的领导是中国特色社会主义的最大政治优势。抗震救灾、灾后重建和灾区可持续发展能够取得重大胜利有诸多原因,其中最重要的一个原因就是党的坚强领导,各级党组织和广大共产党员发挥了中流砥柱作用。面对特大地震灾害,党中央和各级党委坚强领导、科学决策、有力指挥,充分发挥了领导核心作用;参加抗震救灾、灾后重建和可持续发展工作的基层党组织积极动员、果敢行动、有力组织,充分发挥了战斗堡垒作用;各级干部勇往直前、科学指挥、砥砺奋进,充分发挥了模范带头作用;广大共产党员舍生忘死、不畏艰险、无私奉献,充分发挥了先锋模范作用。抗震救灾实践表明:中国共产党具有强大的战斗力,能够应对各种风险考验、驾驭各种复杂局面;各级党组织和广大共产党员具有鲜明的先进性,对党充满忠诚,对人民充满感情,对事业充满责任。[①]抗震救灾、灾后重建和可持续发展的伟大胜利再一次证明:中国共产党是中国特色社会主义事业的坚强领导核心。

第二,人民群众是决定党和国家前途命运的根本力量。抗震救灾、灾后重建和灾区可持续发展再一次证明,人民是推动历史前进的真正动力。抗震救灾、灾后重建和灾区可持续发展的重大胜利,归根到底

[①] 胡锦涛在抗震救灾先进基层党组织和优秀共产党员代表座谈会上讲话强调 大力学习弘扬伟大抗震救灾精神 深入推进党的建设新的伟大工程[J]. 领导科学, 2008 (13).

是人民的胜利。在中共中央、国务院和中央军委坚强领导下，全党全军全国各族人民众志成城、迎难而上，各省（自治区、直辖市）党委和政府紧急行动，中国人民解放军、武装警察部队、民兵预备役人员和公安干警勇往直前，广大医疗工作者、新闻工作者、科技工作者和工程技术人员同心协力，灾区广大干部群众自救互救，克服伤痛，重建家园，各民主党派、人民团体和社会各界人士全力支持，各志愿者志愿参与，无私奉献，港澳台同胞和海外华侨华人踊跃捐助，国际社会积极参与援助援建，形成了抗击重大自然灾害的强大力量，① 夺取了抗震救灾、灾后重建和灾区可持续发展的重大胜利，培育和弘扬了伟大的抗震救灾精神。

第三，改革开放是发展中国、发展社会主义、发展马克思主义的必由之路。四十年的改革开放，让中国发生了翻天覆地的变化，更为抗震救灾提供了强有力的物质保证和精神保证。汶川特大地震抗震救灾、灾后重建和可持续发展带给我们太多启示，证明我们改革开放四十年的成功，证明中国共产党领导的政治优势，证明社会主义制度的优越性，证明我们建成日益雄厚的物质文化基础，证明我们不断提高的国民素质和百折不挠的民族意志。坚决战胜这场特大自然灾害，保护人民生命财产安全、保卫改革开放和社会主义现代化建设成果，是对中国人民精神、价值、力量的严峻考验，也是对中国共产党执政能力和先进性的重大检验。改革开放四十年的伟大胜利，使我们能够经受这样的考验，更让我们接受了这样的检验。

第四，社会主义制度是符合我国实际的先进社会制度。抗震救灾、灾后重建和可持续发展的伟大胜利再一次证明：中国特色社会主义具有强大的生机和活力。这场抗震救灾斗争充分显示了我国社会主义制度能够集中力量办大事的政治优势。尤其是在新时代，中国特色社会主义道路、理论、制度、文化不断发展，拓展了发展中国家走向现代化的途径，

---

① 胡锦涛. 胡锦涛在全国抗震救灾总结表彰会上的讲话[N]. 人民日报，2008-10-09（2）.

给世界上那些既希望加快发展又希望保持自身独立性的国家和民族提供了全新选择，为解决人类问题贡献了中国智慧和中国方案。

总而言之，中国共产党、人民解放军和中国人民用坚定信念、坚强意志和坚韧努力经受了自然灾害的重大考验，充分展现了中国共产党始终坚持以人为本、人民利益高于一切、"人民对美好生活的向往就是我们的奋斗目标"的理念，生动展现了危难时刻全心全意为人民服务的中国共产党和各级人民政府强有力的领导、指挥和协调能力以及重大社会危机应急、处置和治理能力，展现了人民军队的伟大力量，展现了中国人民的伟大力量，展现了改革开放的伟大力量，展现了中国特色社会主义的伟大力量。总结历史规律，可以归结为一句话：中国特色社会主义是改革开放以来党的全部理论和实践的主题。

6.2 几点启示

从中国共产党团结和带领中国人民战胜特大自然灾害的历史经验中，我们发现：在中国特色社会主义新时代，面临着重大挑战、重大风险、重大阻力和重大矛盾，中国共产党领导中国人民坚决战胜一切在政治、经济、文化、社会等领域和自然界出现的困难和挑战，必须要凝神聚力，更好地构筑中国精神、中国价值、中国力量，从而提供精神指引。为此，我们必须要做到以下几点：

其一，坚定理想信念。坚持以共产主义的远大理想、中国特色社会主义共同理想和实现中华民族伟大复兴的梦想为指引，筑牢共产党人的精神家园，锻造政治灵魂，在深化"两学一做"学习教育常态化制度化，创新党的"不忘初心、牢记使命"主题教育中，永葆党的先进性和纯洁性，发挥好人民的主心骨作用。

其二，凝聚价值共识。实现伟大斗争，伟大工程，伟大事业，伟大梦想的胜利，必须要最大限度地凝聚价值共识。在提高国家治理体系和治理能力的现代化中增强人民的获得感、幸福感，进一步弘扬和践行社会主义核心价值观，更好地满足人民精神需求、丰富人民精神世界、增强人民精神力量，提升社会文明程度；讲好中国故事，传递中国声音，提高参与全球治理体系改革和建设的能力，构建人类命运共同体的共同价值，贡献中国智慧和力量。

其三，掌握主流意识形态的主导权、话语权。意识形态工作是一项极端重要的工作。我们要牢牢掌握意识形态工作领导权。坚持以新时代中国特色社会主义思想武装为指导，抓好舆论阵地建设，着力建设清朗的网络空间，增强社会主义意识形态的吸引力、话语能力和传播力。

其四，增强文化自信。既要传承和弘扬中华民族五千年以来尤其是近代以来所形成的以爱国主义为核心的民族精神，又要筑就和发展以改革创新为核心的时代精神，既要扎根中国大地，不忘本来，又要吸收外来和面向未来，为中国特色社会主义伟大事业提供源源不断的精神动力。习近平指出："站立在960万平方公里的广袤土地上，吸吮着中华民族漫长奋斗积累的文化养分，拥有13亿中国人民聚合的磅礴之力，我们走自己的路，具有无比广阔的舞台，具有无比深厚的历史底蕴，具有无比强大的前进定力。"[①]因此，只有实现中国精神、中国价值和中国力量的三位一体，只有实现在精神层面、价值层面和社会凝聚力层面高度一致性，才能真正实现价值自觉和文化自信，进而凝魂聚力为全面建成小康社会和实现中华民族伟大复兴提供不懈的精神动力和道德滋养。

---

① 习近平. 在纪念毛泽东同志诞辰120周年座谈会上的讲话[N]. 人民日报，2013-12-27（1）.

参考文献

一、专著类

[1] 马克思恩格斯全集（第三十九卷）[M].北京：人民出版社，1974.

[2] 马克思恩格斯文集（第二卷）[M].北京：人民出版社，2009.

[3] 毛泽东文选（第二卷）[M].北京：人民出版社，1991.

[4] 邓小平文选（第二卷）[M].北京：人民出版社，1994.

[5] 邓小平文选（第三卷）[M].北京：人民出版社，1993.

[6] 习近平.习近平谈治国理政[M].北京：外文出版社，2014.

[7] 习近平.决胜全面建成小康社会取得新时代中国特色社会主义伟大胜利[M].北京：人民出版社，2017.

[8] 王宁霞，等."5·12"汶川大地震抗震救灾纪实[M].北京：电子工业出版社，2015.

[9] 《汶川特大地震抗震救灾志》编纂委员会.汶川特大地震抗震救灾志（卷一）[M].北京：方志出版社，2015.

[10] 《汶川特大地震抗震救灾志》编纂委员会.汶川特大地震抗震救灾志（卷十一）[M].北京：方志出版社，2015.

[11] 焦智立，赵宝利."数字"解读2008抗震救灾[M].北京：军事科学出版社，2008.

[12] 杨先农，赵小波.新中国抗震救灾发展简史[M].成都：四川人民出版社，2011.

[13] 黄宏.抗震救灾救灾精神[M].北京：人民出版社，2008.

[14] 章传家，马占魁，等. 中国自信[M]. 北京：人民出版社，2016.

[15] 林小波. 坚定"四个自信"六讲[M]. 北京：人民出版社，2016.

[16] 唐纳德·里奇. 大家来做口述历史[M]. 北京：当代中国出版社，2006.

二、期刊类

[1] 虞云耀. 中国道路与中国共产党[J]. 求是，2014（1）.

[2] 余玉花. 抗震救灾精神——一笔弥足珍贵的精神财富——英雄主义闪耀光芒[J]. 精神文明导刊，2008（7）.

[3] 金岭. 抗震救灾精神——一笔弥足珍贵的精神财富——灾难见证公民责任意识的成长[J]. 精神文明导刊，2008（7）.

[4] 鹿永建，张晓晶. 抗震救灾精神——一笔弥足珍贵的精神财富——志愿精神汇聚抗震救灾强大力量[J]. 精神文明导刊，2008（7）.

[5] 刘云山. 大力弘扬抗震救灾精神 扎实推进公民道德建设[J]. 思想政治工作研究，2008（11）.

[6] 赵明仁，王素，杨先农. 谱写抗震救灾精神的新篇章[J]. 求是，2011（11）.

[7] 杨先农，赵小波. 灾后重建精神继续抒写伟大抗震救灾精神的新篇章[J]. 中华文化论坛，2011（2）.

[8] 杨先农. 抗震救灾精神的集体主义意蕴[J]. 毛泽东思想研究，2009（5）.

[9] 杨先农. 抗震救灾志愿者精神四题[J]. 成都纺织高等专科学校学报，2009（7）.

[10] 张生寅. 玉树抗震救灾精神的思想内涵、特征及意义[J]. 青海社会科学，2010（4）.

[11] 刘云山. 大力弘扬抗震救灾精神 扎实推进公民道德建设[J]. 思想政治工作研究，2008（11）.

[12] 傅增寿.抗震救灾对军队思想政治工作创新发展的启示[J].南京政治学院学报,2008(6).

[13] 崔青青,黄梅英,陈坤.弘扬抗震救灾精神 推进高校思想政治教育[J].思想理论教育导刊,2011(9).

[14] 胡沁熙."抗震救灾"精神与大学生感恩教育研究[J].吉首大学学报(社会科学版),2015(S1).

[15] 苏玉琼.抗震救灾精神是社会主义核心价值体系与救灾重建实践相结合的产物[J].理论界,2012(3).

[16] 杨祥银.试论口述史学的功用和困难[J].史学理论研究,2000(3).

[17] 曹幸穗.口述史的应用价值、工作规范及采访程序之讨论[J].中国科技史料,2002(4).

[18] 梁景和,王胜.关于口述史的思考[J].首都师范大学学报(社会科学版),2007(5).

[19] 刘娟.数字语境下国外媒体对华重大突发事件的报道研究——以《纽约时报》网站"5·12地震"报道的框架分析为例[J].科技传播,2010(4).

[20] 陈俐,骆元松.高校要加强抗震救灾精神教育[J].思想理论教育导刊,2008(6).

[21] 刘书林.抗震救灾精神的实质及其时代特征[J].高校理论战线,2008(9):29-31.

[22] 王炳林,阚和庆.伟大的抗震救灾精神宣示了社会主义核心价值体系的蓬勃生机[J].求是,2008(19).

[23] 杨庆.浅谈非政府组织在抗震救灾中的作为——以"5·12"四川地震为例[J].今日南国(理论创新版),2008(6):14,19.

[24] 梁志全.青年志愿者:抗震救灾中的组织类型与功能分析[J].

中国青年研究，2008（10）．

[25] 王月红，曾令勋．从抗震救灾看应急机制与国防动员机制的融合[J]．华中科技大学学报（社会科学版），2009（1）．

[26] 陈家强．从"5·12"汶川特大地震看抗震救灾应急措施[J]．中国应急管理，2008（10）．

[27] 颜晓峰．促进社会主义核心价值体系的实践转化[J]．党建，2007（6）．

[28] 杜远足．抗震救灾精神——一笔弥足珍贵的精神财富——科学精神的生动体现[J]．精神文明导刊，2008（7）．

[29] 本刊评论员．弘扬新起点的抗震精神[J]．瞭望新闻周刊，2008（20）．

[30] 李卫红．用抗震救灾伟大精神推进高校思想政治教育[J]．高校理论战线，2008（8）．

三、报纸类

[1] 胡锦涛．在抗震救灾先进基层党组织和优秀共产党员代表座谈会上的讲话[N]．人民日报，2008-07-01（2）．

[2] 胡锦涛．在全国抗震救灾总结表彰大会上的讲话[N]．人民日报，2008-10-09（2）．

[3] 温家宝．汶川地震灾后恢复重建座谈会上的讲话[N]．人民日报，2011-05-10（2）．

[4] 习近平．在中国文联十大、中国作协九大开幕式上的讲话[N]．人民日报，2016-12-01（2）．

[5] 习近平．在庆祝中国共产党成立95周年大会上的讲话[N]．人民日报，2016-07-02（2）．

[6] 习近平．在纪念红军长征胜利80周年大会上的讲话[N]．人民

日报，2016-10-22（2）.

[7] 习近平总书记的唐山八小时"弘扬抗震精神，为中国梦注入强大精神力量"[N]. 人民日报，2016-07-30（1）.

[8] 习近平. 携手构建合作共赢新伙伴 同心打造人类命运共同体——在第七十届联合国大会一般性辩论时的讲话[N]. 环球时报，2015-09-29（2）.

[9] 习近平. 在哲学社会科学工作座谈会上的讲话[N]. 人民日报，2016-05-19（2）.

[10] 习近平. 在纪念孔子诞辰2565周年国际学术研讨会暨国际儒学联合会第五届会员大会开幕会上的讲话[N]. 人民日报，2014-09-25（2）.

[11] 习近平. 在纪念毛泽东同志诞辰120周年座谈会上的讲话[N]. 人民日报，2013-12-27（1）.

[12] 习近平. 弘扬抗震精神 为中国梦注入强大精神力量[N]. 人民日报，2016-07-30（1）.

[13] 周连顺，金仁. 抗震救灾精神——一笔弥足珍贵的精神财富——抗震救灾彰显伟大的中华民族精神[N]. 光明日报，2008-06-03（9）.

[14] 孙劲松. 抗震救灾精神——一笔弥足珍贵的精神财富——民族精神在灾难中升华[N]. 中国教育报，2008-06-02（3）.

[15] 沈铭贤. 抗震救灾精神——一笔弥足珍贵的精神财富——高扬生命价值的悲情壮举[N]. 文汇报（沪），2008-05-19（5）.

[16] 陈鲁民. 用自强不息精神抗震救灾[N]. 解放军报，2008-05-23（2）.

[17] 吴潜涛. 抗震救灾精神——一笔弥足珍贵的精神财富——社会主义互助精神的生动体现[N]. 人民日报，2008-05-21（12）.

[18] 郑权. 从抗震救灾看中国共产党的执政能力[N]. 光明日报，

2008-06-24（9）.

[19] 郑言惠. 抗震救灾斗争中思想政治工作的几点启示[N]. 光明日报，2008-6-29（7）.

[20] 牟钟鉴. 共同体：人类命运 中国经验[N]. 光明日报，2015-12-14（16）.

[21] 王东. 重提张岱年的中华文化精神观[N]. 北京日报，2015-10-26（20）.

[22] 刘奇葆. 炼尽黄沙自是金——"5·12"汶川特大地震三周年记[N]. 人民日报，2011-05-12（6）.

[23] 商志晓. 中华传统文化创造性转化创新性发展的哲学审思[N]. 光明日报，2017-01-09（15）.

[24] 任仲平. 在这里我们写下"中国信心"——汶川特大地震三周年志[N]. 人民日报，2011-05-11（21）.

[25] 颜晓峰，季明，等. 彰显中国特色社会主义伟大力量[N]. 人民日报，2008-06-02（11）.

[26] 孙承斌."党和政府一定会帮助灾区人民渡过难关"——胡锦涛总书记在四川特大地震区什邡市看望慰问受灾群众和救援人员[N]. 人民日报，2008-05-19（1）.

[27] 四川省社科院，四川日报社联合调研组. 创新机制破解难题 科学重建探新路[N]. 四川日报，2015-04-17（3）.

[28] 国纪平. 为世界许诺一个更好的未来——论迈向人类命运共同体[N]. 人民日报，2015-05-18（1）.

[29] 崔鹏. 为地震灾区踊跃捐款 全国4559.7万名党员缴纳"特殊党费"97.30亿元[N]. 人民日报，2010-01-10（11）.

[30] 张斌. 抗击汶川地震的"四川实践"与启示[N].人民日报，2010-05-31（16）.

[31] 桑田. 抗震救灾精神的内涵与由来[N]. 人民政协报，2017-12-07（9）.

[32] 习近平就芦山地震抗震救灾工作作出重要指示 以受灾群众安置为中心任务 抓紧开展恢复重建前期工作[N]. 人民日报，2013-05-04（1）.

[33] 习近平. 决胜全面建成小康社会 夺取新时代中国特色社会主义伟大胜利[N]. 人民日报，2017-10-28（1）.

[34] 中国人民一定能战胜灾害重建家园[N]. 中国青年报，2013-04-23（1）.

[35] 九寨沟地震重建总体规划印发[N]. 人民日报，2017-11-02（9）.

[36] 立案查处芦山地震涉灾违纪案件35件[N]. 人民日报，2014-07-21（11）.

[37] 撼山易，撼我军民难——"7·28"唐山抗震追忆[N]. 人民日报，1994-07-28（3）.

[38] 本报评论员. 人民生命高于一切[N]. 人民日报，2008-05-15（1）.

[39] 关于实施中华优秀传统文化传承发展工程的意见[N]. 人民日报，2017-01-26（6）.

[40] 大力推进社会主义先进文化建设[N]. 人民日报，2012-07-27（16）.

四、报告类

[1] 民政部国家减灾中心，联合国开发计划署. 汶川地震救灾救援工作研究报告[R]. 联合国开发计划署，2009-03-29.

五、网络资料

[1] 习近平在莫斯科国际关系学院的演讲[EB/OL]. 新华网，2013-03-23.

[2] 博鳌亚洲论坛举行开幕式 习近平发表主旨演讲(全文)[EB/OL]. 中新网, 2015-03-28. http://www.chinanews.com/gn/2015/03-28/7166267.shtml.

[3] 胡锦涛庆祝神六圆满成功大会上重要讲话全文[EB/OL]. http://scitech.people.com.cn/GB/25509/53955/53957/3891833.html.

[4] "赶考"路上的最后冲刺——汶川县脱贫攻坚"迎检"工作综述[EB/CL]. http://www.wenchuan.gov.cn/p/st_news_items_i_8fbb3532fbec49aba0f02bd2a963719f/, 2017-10-27.

[5] 不忘初心 砥砺奋进 奋力谱写中国梦北川篇章[EB/OL]. http://www.beichuan.gov.cn/content.jsp?id=8a868a345ea7407c015f499ae28e33f9&classid=14df7714f4ab4b0e9a9f5a91d5cfb8a8.2017-10-23.

[6] 中国宣布汶川地震灾后重建完成投入1.7万亿元[EB/OL]. http://www.chinanews.com/gn/2012/02-24/3697091.shtml.

[7] 改革开放以来我国GDP年均增速达9.8%[EB/OL]. http://news.xinhuanet.com/newscenter/2008-10/31/content_10287560.htm.

[8] 潘强, 董建国. 让抗震救灾的"精神旗帜"高高飘扬[EB/OL]. http://www.xinhuanet.com/local/2015-04/19/c_1115015791.htm.

[9] 王素, 刘积高, 张忠仁. 抗震救灾斗争铸就伟大抗震救灾精神[EB/CL]. http://theory.people.com.cn/GB/49150/49152/7394149.html.

[10] 中国地震灾区已有550位境外媒体记者从事采访[EB/OL]. https://news.qq.com/a/20080522/004612.htm.

[11] 全球每年发生多少地震? [EB/OL]. 中国地震信息网, http://www.csi.ac.cn/publish/main/720/721/20131025102952861397301/index.html.

[12] 珍贵的地震现场录像 震撼人心[EB/OL]. 中国网, http://www.china.com.cn/video/txt/2007-10/17/content_9069863.htm.

[13] 德阳东方汽轮机厂: 废墟中的完美重生[EB/OL]. http://www.chinanews.com/gn/news/2009/05-08/1682010.shtml.

[14] 四川省人民政府关于印发汶川地震灾区发展振兴规划（2011—2015年）的通知[EB/OL]. http://guoqing.china.com.cn/gbbg/2011-11/26/content_ 24013215.htm.

[15] 尚正强，苏开春."灾后重建"破解千年难题[EB/OL]. 中国公路网，2009-06-19.

六、采访资料

[1] 胡子祥. 访原汶川县漩口中学王福春老师. 汶川县教育局，2017年7月18日.

[2] 钟勇华. 访北川县擂鼓八一中学党支部书记桂正云. 擂鼓八一中学，2017年1月3日.

[3] 赵淋. 访原北川县陈家坝派出所所长段成渝. 北川县公安局，2017年8月15日.

[4] 雷芳. 访都江堰向峨乡村民李贵兴. 都江堰向峨乡家中，2017年6月25日.

[5] 雷芳. 访中国人民解放军某部处长魏杨. 崇州某部队，2017年2月22日.

[6] 曹元梅. 访原北川县交通局局长程波. 北川县新北川宾馆，2017年8月16日。

[7] 王雪. 访汶川县城乡规划服务中心主任汪永锋. 汶川规划建设局，2017年7月18日.

[8] 钟勇华. 访汶川博物馆库管员董旭梅. 汶川县博物馆，2017年7月19日.

[9] 雷芳. 访原曲山小学学生任佳凌. 北川县擂鼓镇，2017年7月31日.

[10] 曹燕. 访向峨乡东林村村主任苟天志. 都江堰市向峨乡东林村，2017年6月25日.

[11] 胡子祥. 访原陈家坝乡党委书记赵海清. 北川经济开发区纪工委，2017年8月15日.

[12] 曹元梅. 访原汶川县科协主席何世国. 汶川县城某茶楼，2017年7月19日.

[13] 胡子祥. 访原曲山镇大水村支部书记唐祖华. 北川县投资促进局，2017年8月16日.

[14] 郭海龙. 访汶川县疾病预防控制中心主任姚云. 汶川县疾病预防控制中心，2017年7月18日.

[15] 王雪. 访原北川中学教师付秀银. 北川县新北川宾馆，2017年8月16日.

[16] 曹燕. 访擂鼓镇村民俞太会. 北川县擂鼓镇村民家中，2017年7月25日.

[17] 张利民. 访北川擂鼓镇农民桂正财. 北川县擂鼓镇廉租房广场，2016年7月21日.

[18] 张利民. 访北川擂鼓镇某社区干部程五沛. 北川县擂鼓镇镇政府办公室，2016年7月20日.

[19] 张利民. 访汶川映秀镇群众刘登华. 映秀镇刘登华家中，2016年10月29日.

[20] 张利民. 访中国人民解放军某部战士罗梁. 崇州某部队，2017年2月22日.

[21] 曹燕. 访原北川县残联副主席、理事长彭长诗. 北川县民生办公室，2017年8月16日.

[22] 张纯. 访擂鼓社区副书记李代富. 北川县擂鼓镇镇政府，2016年7月20日.

后 记

本书是四川省社会科学重大项目"抗震救灾精神口述史料挖掘、整理和应用研究"（SC16ZD09）的主要成果之一。从组建"西南交通大学抗震救灾精神研究团队"，确定选题，到参加四川省社会科学重大项目的申报，经公平竞争、激烈角逐，终得获批，团队的科研协作迈出艰辛的第一步。在其后一年多的时间里，课题组成员多次深入汶川、北川、都江堰等灾区一线访谈调研，收集口述史资料，并对研究提纲进行了反复研讨和修改，最终形成了目前的写作框架和成果清样，在即将付梓之际，课题研究的阶段任务暂告一段落。

但是，团队的课题研究任务还没结束，对抗震救灾精神的研究仅是一个良好的开端。即使作为上述项目的主要成果，但其水平确实还没有达到很高的水准，其中一些提法还只有讨论的价值，一些问题的理论阐述还值得深入挖掘，关于抗震救灾精神相关问题的研究深度和广度还需要进一步拓展，对抗震救灾精神口述史的采集工作还应该扩大覆盖面、扩充其采集数量，然后在此基础上，再进一步做好口述资料的深度挖掘和发挥好口述资料的应用价值。此外，在对口述资料的采集和整理过程中，如何提炼和概括出新时代的中国特色的抗震救灾精神内涵？新时代抗震救灾精神的资源现状如何，以及在增强文化自信和繁荣社会主义文化有何价值与功能？在新时代应该如何弘扬和传承好这一时代精神，充分利用好这一精神资源，为更好地构筑中国价值、凝聚中国力量，为决胜全面建成小康社会，实现中华民族的伟大复兴提供有力的精神支撑？等等，这些问题将是团队今后研究的方向和重点。对于抗震救灾精神的这一民族精神和时代精神升华的精神成果的研究和宣传，我们作为来自西南地区高校的一支研究团队，置身于地震频发的西部地区，亲历和目睹了汶川特大地震抗震救灾、灾后重建和可持续发展的过程，不仅有义务和责任把与之相关的抗震救灾精神问题研究透彻，而且也有理由把这一时代精神在灾区和全社会传播好、弘扬好，这既是我们作为新时代的知识分子理性反思抗击地震灾害应有的一份学术良知，也是我们传播先进文明、更好地满足人民群众精神文化需求的一种社会责任。

本书之所以能够完成，首先感谢中共汶川县委宣传部、中共北川县委宣传部以及有关部门领导和当地群众，在课题调研过程中，无论是对当地党政机关和事业单位参与抗震救灾的各级各类英雄模范和先进人物的采访，抑或是深入极重灾区基层一线开展专题调研，都给予了大量的支持，使本课题的口述史资料采集工作得以顺利实施。

课题组在开题和写作过程中，还得到了中共四川省委党史研究室副主任江红英同志、四川省社会科学院党委副书记陈井安同志和电子科技大学马克思主义学院邓淑华教授的指导和帮助，在此一并表示感谢！

感谢西南交通大学文科建设处给予的大力资助与支持！感谢西南交通大学马克思主义学院，从"抗震救灾精神研究团队"的成立到运作，从课题的申请到项目实施，无论是在经费、政策，还是人才等方面都给予了鼎力支持！感谢西南交通大学出版社社长阳晓同志和编辑罗爱林同志，本书得以付梓，他们也付出了大量的辛劳！

本书课题组成员及主要分工：提纲编写：胡子祥、何云庵、杨先农、田永秀；第1章：胡子祥；第2章：钟勇华、朱静；第3章：郭海龙、钟勇华；第4章：雷芳、张利民、康厚德、钟勇华；第5章：康厚德、雷芳、张利民、郭海龙；第6章：胡子祥、康厚德。最后由何云庵、胡子祥、郭海龙和康厚德等同志统稿。

因学术水平有限，不足之处在所难免，恳请同行专家批评指正。

西南交通大学抗震救灾精神研究团队

2017 年 12 月